자녀들을
내버려 둬라

Let Them Be

Let
Them
Be

자녀들을
내버려 둬라

김혜정 지음

디도

서문

　비가 주룩 주룩 퍼붓는 장마철에 이 글을 시작한다. 대대리, 이름 자체에 멋이 흐르는 이곳의 비는 너무나 환상적이다. 숲속의 고요함과 비의 청명함이 만나 영화 속 한 장면 같다. 어린 시절 천둥 번개와 호우를 좋아했던 철부지였던 내가 불혹 중반이 되어 갑자기 글을 다 쓰고 있다. 5남매의 막내인 내가 5남매의 엄마가 되어 내 이야기를 쓰기 시작한 것이다. "재수 없이 걸려들었다." 하고 농담으로 너스레를 떠는 나의 축복은 멋모르고 시작되었다. 귀엽게 보기에는 너무 먹어버렸고 깊이 있게 봐 달라기엔 너무 철없는 어정쩡한 나이 45세의 나 김혜정과 합이 52년 동안 키운 일명 '샘솔이비결'(17+14+11+6+4)로 불리는 정한샘(아들, 17세), 정한솔(딸, 14세), 정한이(아들, 11세), 정한비(딸, 6세), 정한결(딸, 4세)의 이야기를 해보려 한다.

　"결혼해야 어른이 된다." 는 말은 "배우자와 자녀를 통해 어른이 되어 진다." 는 말이다. 무엇보다 힘든 일이 부부관계이고 부모 자녀 관계이다. 결혼은 판도라의 상자를 열듯이 가상세계에 존재하던 한 인간을 현실세계로 진입하게 한다. 기쁨과 슬픔이 공존하고 만족과 불

만족이 공존한다. 실패를 경험한 뒤 희망을 남는 일이 반복된다. 필자는 결혼 생활 18년을 통해 부부연합과 자녀양육이라는 큰 숙제를 하고 있다. 자신만만하게 출발한 이 숙제를 통해 실패를 경험한 후 아내이자 엄마로서의 역할을 통해 나의 문제를 보게 되었다. 나의 문제를 보게 되면서 다른 아내이자 엄마들의 모습 또한 보게 되기도 했다.

필자는 우리 집 5명의 자녀와의 경험을 통해 다른 많은 가정들의 자녀 양육에 상담자로 일했다. 자녀양육은 기쁘지만 힘든 일이었고 그것은 나 개인이나 다른 가정들도 동일했다. 자녀들은 신생아에서 영아, 유아, 아동, 청소년기를 거쳐 성인으로 성장해 가면서 많은 성장통을 겪는다. 부모 또한 부모로 처음 살아가는 시간에 많은 것들을 배우기도 하고 실수를 하기도 한다. '샘솔이비결'은 나에게 세상 어디에서도 맛볼 수 없는 기쁨을 안겨주었고 또한 그 전에 겪어 본 적 없는 걱정과 슬픔을 안겨주었다. '이 아이는 왜 이렇게 키우기 어려울까?', '가장 사랑하는 대상이기에 최대치로 헌신하는데 나와 우리 자녀의 관계에서 파생되는 이 불협화음은 무엇인가?', '내 마음 속에 내 아이를 보기 싫은 마음이 있으니 이를 어떻게 할까?', '이 아이가 과연 이 험한 세상에서 잘 살아갈 수 있을까?' 의 수많은 고민들을 거쳐 오늘에 도착했다.

자녀양육은 힘든 일이지만 다른 측면으로 접근해 간다면 쉬운 일임을 배웠다. 과일나무를 심으면 열매를 기다려야 한다. 풀 뽑고 물주고 거름까지 준 다음에는 기다려야 한다. 내가 할 일을 다 한 다음에는 그냥 기다려야 한다. 내가 하는 일보다 자연이 그리고, 그 나무 스스로가 하는 일이 더 많다. 농부가 진정 농부 되는 시간은 제 할 일을 마치고 기다리는 시간이다. 할 일을 하고 기다리기, 즉 내버려두기이다. 농부와 같은 기다림의 자녀양육을 권하고 싶다. 기다리기 위해서는 믿음이 필요하다. 존재를 믿어주는 믿음이 필요하다. 공산품이면 내 노력여하에 출고여부가 달렸겠지만 생명이니 자신의 생명이 생명을 꽃 피우고 열매 맺기를 기다려야 한다.

우리 집 마당에 보리수나무 두 그루, 앵두나무 두 그루, 배롱나무, 수국, 영산홍이 있다. 봄에 물을 주며 기다리는데 신기한 경험을 했다. 나는 봄이 되어 따뜻해지면 동시에 다 싹이 나오는 줄 알았다. 아니었다. 봄은 봄인데 각자 다 다른 시기에 싹이 나오고 꽃을 피우고 열매를 맺었다. 보리수 열매는 보리수의 시간에 앵두는 앵두의 시간에 다 제 자신만의 때를 따라 품고 있던 것들을 내놓았다.

자녀도 이와 같다. 다 다르다. 그러니 믿고 기다려야 한다. 부모는 주로 사랑하면서 걱정하고 걱정된 만큼 내버려 두지 못한다. 노력 대비 결과물이 작고 행복하게 할 일을 힘들고 어렵게 하게 된다. 농부가 가을까지의 긴 기다림의 시간을 두려움으로 보낸다면 여름 내내 땀 흘려 일하고도 편히 낮잠 한 번 자지 못 할 것이다. 자녀는 손을 많이 대지 말고 기다려야 한다. '사랑하고, 걱정하지 말고, 가만히 내버려 두라.'는 7장의 소제와 같은 말이다. 나는 자녀들을 통해 사랑을 배워간다. 걱정보다 믿음이 중요하다는 것을 배워간다. 내버려 두고 낮잠 자면 된다는 것을 배워간다. 그렇기에 행복한 자녀양육을 하고 있다.

처음부터 행복했던 것은 아니다. 열심히 노력했고 사랑하기에 걱정도 했다. 사랑하고 걱정하며 끼어들어 자녀양육에 실패를 겪었고, 그 때에 새로이 배우고 수정한 것이다. 자녀에게 배웠고 실패 속에서 배웠다.

실패가 기회가 되어 배운 자녀 양육의 행복을 전하고 싶어서 글을 쓴다. 실패라고 생각되어질 때가 다시 시작할 수 있을 때임을 전하고 싶어서 글을 쓴다. 모든 노력을 다 했고 방법이 없다며 포기 할 때 새로운 방법이 있다고 소개하고 싶어서 글을 쓴다. 당신의 아이가 '싹수가 노란 놈'이거나 '문제아'가 아니라고 말하고 싶어서 글을 쓴다. '세상에서 가장 사랑하는 내 아이'가 여전히 그리고 영원히 가능하다고 말하고 싶어서 글을 쓴다. 우리의 자녀는 원래 받은 그 감동대로 '세상에 하나 밖에 없는 너무 귀한 아이'가 맞다. '나와 함께 사랑을 나눌 아이'가 맞다. '모든 것을 다 할 수 있는 영특한 아이'가 맞다. '천재가 태어났다고 소란 떨던 그 아이'가 맞다. "너 하나로 족해!" 라고 고백하던 그 아이가 맞으며 그 마음을 가졌던 엄마가 바로 당신 맞다. 정말이다.

필자는 자녀 양육의 실패를 통해 문제의 원인이 자녀가 아니라 '부모 된 나'라는 것을 알게 되었다. 이 글은 나의 자녀 양육서임과 동시에 나의 실존서이다. 자녀들이 나를 다른 존재로 만들어 가고 있다. 내가 자녀를 키우는 줄 알고 시작된 일이 자녀를 통해 내가 자라가는 것임을 알게 되었다. 실패가 도리어 나에게 행복이 되어 돌아왔다. 이제는 진심으로 그냥 항상 기쁘다. 걱정을 숨기거나 미움을 숨기지 않아도 되고 그냥 항상 기쁘다. 5명의 자녀가 너무나 소중하고 예쁘다. 이 기쁨을 자녀를 키우는 모든 부모가 함께 누리기를 원한다. 복숭아 속살 같은 갓난아이를 안을 때 느꼈던 그 날처럼! 여전히 그리고 영원히!

　이 책에 다섯 자녀와 살아온 이야기들을 되짚으면서 행복한 엄마가 되고 행복한 자녀로 자라가는 우리 집만의 방법 8가지를 제안한다. '샘솔이비결', 합이 52년간의 실패를 수정해 가며 정립한 우리 집 나름의 자녀교육방법을 한 단원 당 한 주제씩 다루었다. 필자와 필자의 자녀인 5남매가 주 등장인물이며 서문, 8가지 주제, 후문, 부록으로 구성되어 있다. 몇 권의 책을 구상 중에 있고, 첫 권으로 자녀양육을 주제로 다루었다.

2017년 여름 장마철, 대대리에서 김혜정.

목차

Chapter 01

이기고 겨주기

Let Them Be

부모라는 자리는 이미 지고 시작하는 자리이다. 사랑 때문이다. 평
생 지고 살아갈 종이 된 부모가 자녀의 평생을 위해 한 번 이기기를
권한다. 말고삐를 잡아 주듯이 작은 통제권을 갖고 돕는다면 부모도
자녀도 서로를 더욱 행복하게 사랑할 수 있다.

한 번 이기고 백 번 지기,
지긴 질 건데 이기고 집시다!

부모가 되어 한 자녀를 양육한다는 것은 너무나 행복한 일이고 또한 동시에 너무나 힘든 일이다. '나'라는 한 인간으로 살다가 '누군가의 누구'라는 관계는 서로가 서로에게 영향을 주고받게 된다. 자연스레 슬픔과 기쁨, 실패와 성공, 분리와 연합의 반복이 일어나고 성장통에 관계통을 더하니 만만치 않은 고통에 힘이 든다.

아이는 부모의 무한한 기대 속에 여리고 여린 모습으로 태어나 모든 관심과 사랑을 독차지 하며 점점 자라간다. 감정의 깊은 상처, 지나친 재정의 어려움, 예기치 못한 사회적인 재난, 기본적인 안전이 위협당하는 상황 등을 제외하고는 어느 나라 어느 세대 어느 부모에게든 자녀 양육만큼 중요하고 의미 있는 일은 인생에 찾기 어렵다.

나 또한 내가 살아온 세월 중 자녀 양육의 시기가 내 자신을 행복하게도 하고 힘들게도 하며 인생 중에 의미 있는 발자취를 남겼다. 결혼과 임신이라는 특별한 경험을 통해 얻어진 나의 분신, 첫 아이 한샘이를 낳았을 때 내 나이가 29살이었다. 김혜정의 29살과 한샘이 엄마 김혜정의 29살은 완전히 달랐다. 엄마들의 이름이 사라져 가는 것이 당연하다 싶을 정도로 내 자신이 아닌 한 아이가 더 중요한 사람으로 자리 잡아 버리게 되었다.

나를 가장 중요하게 여기던 한 여자가 한 남자를 만나 사랑과 보호를 기대하며 결혼하지만 곧 배우자 보다 내가 작아지고 대상이 커져야 행복을 만들어 갈 수 있다는 걸 알게 된다. 이어 행복한 신혼의 최고 보물인 자녀가 태어나 다시 또 엄마인 나 자신보다 아이를 더 사랑하라는 모성의 영역을 깨우게 된다. 앙탈 부리고 사랑받으며 귀한 딸이자 공주로 살았는데 종이 되어야 한다. 자식에게 이렇게 까지 해야 하는 줄 다들 모르고 낳았다. 미리 알았으면 피했을 것을 세상의 모든 엄마들은 다들 모르고 낳았다.

아이들은 이런 철부지 부모로부터 사랑을 받아야하니 너무 사랑스럽게 태어난다. 작은 눈, 작은 손, 작은 발, 작은 숨을 쉬는 작은 가슴, 여린 피부를 가진 천사로 태어난다. 똥오줌을 받아내야 하는 난제가 있지만 폭풍 성장 시기인 첫 달 동안은 잠자는 숲속의 아기가 되어서 엄마 아빠의 마음을 홀딱 빼앗아 버린다. 포동포동 살이 오르며 눈빛으로 버둥거림으로 반응해 가는 아이의 변화들이 신기해서 눈을 떼기가 어렵다. 놀라운 모성의 각성으로 아이 출산 이후 아내의 사랑을 빼앗겼다는 남편들의 원성과 눈물이 하늘에 사무치고 남을 정도다.

양육의 시간이 흘러 갈수록 사랑은 깊어만 간다. 왕년에 잘 나가던 미인, 멋쟁이 여인들도 아기 피부에 닿는다며 면 티 쪼가리 몇 개로 몇 년의 인생을 나게 된다. 안 먹고 안 자고 울고 안으라고 내리겠다고 기겠다고 걷겠다고 뛰겠다고 만지고 싶다고 호령하는 그 많은 아이의 명령들에 시녀가 되는 것이 엄마다. 아가씨들이 길에서 아기 보며 "아이 예뻐~." 하는 그 마음으로 상황을 잘 모르고 낳았다. 출산과 동시에 노예 생활의 시작이다. 부모는 희생과 헌신이라는 머리띠를 두르고 살아가야 할 운명이 된 것이다. 그래서 여기 너무나 애타게 꼭 한 가지를 외치고 싶다. "지긴 질 건데 이기고 집시다!"

　"자식 이기는 부모 없다." 는 말이나 "손주를 귀여워하면 할아버지 수염 잡는다." 는 옛말의 공통점은 아이가 너무나 예뻐서 스스로 져주게 되는 어른들의 사랑을 표현하고 있다. 아버지 주무실 때 까치발로 걷고 아버지 숟가락 드신 후 수저를 들던 시대에 자녀들의 마음을 위로해 주던 말이었다.

　우리 앞 세대는 부모와 자녀 간에 사랑한다는 말을 서로 어색해서 주고받지 못했다. 자녀는 마음으로 부모님의 희생과 수고에 사랑을 느꼈고 남몰래 효를 결심했다. 커서 엄마 비행기 태워드리겠다던 수많은 약속들이 집집마다 난무했다.

　요즘의 분위기는 많이 다르다. 가정마다 개인차가 있긴 하지만 과거에 주로 우리의 선친들이 못 드시고 못 입고 어렵게 입에 풀칠하며 자녀를 가르쳤다. 요즘은 잘 먹고 잘 입는 부모가 한 두 자녀에게 의식주에서 학업, 여가, 결혼에 이르기 까지 모든 것을 제공해 내고 있는 세대가 되었다.

　시대적 분위기도 '탈권위주의'로 가고 있다. 동네 어른들의 호령도 없어졌고, 학교 선생님의 체벌도 없어졌다. 부모도 자녀가 한 두 명이다 보니 너무나 귀해서 속도 겉도 다 져버리게 되었다. 사랑하기에 지는 것은 당연한 일이지만 모두를 위해서 먼저 이기고 나중에 지자는 말을 하고 싶다. 기초다지기가 간단하다고 대충 지나가면 나중에 시간이 흘렀을 때, 큰 문제로 부각되듯이 부모와 자녀의 당연한 헌신과 사랑의 관계 전에 꼭 짚고 넘어 가야 할 것이 있다. '평생 져주기 전에 딱 한 번 이기기'라는 기초를 거쳐야 함을 말하고 싶다.

아이는 각 연령별 발달 단계들을 거치며 성인으로 성장해 간다. 세상에 태어나 처음 접하는 엄마라는 귀한 존재로 한 아이는 자신의 존재성을 발견해 가고 사회의 한 구성원이 되어 간다. 돌이 되기 전까지는 동일시라는 과정을 거치며 엄마와 자신의 존재를 동일한 하나로 인식하다가 돌이 지나면서 점점 '나'라는 한 존재로서의 자기를 인지하게 된다.

스스로 할 수 있는 것들이 늘어 갈수록 자신감이 커지고 동시에 고집도 늘어난다. '죽이고 싶은 몇 살'설이 세대마다 빨라져 가는 것을 볼 수 있다. 미디어의 발달, 오감 계발, 인지 발달, 다양한 경험의 확대 등으로 아이들이 더 똑똑해지고 더 강해지고 있다. 부모에게 의지하고 부모를 사랑하지만 또한 동시에 자기의 욕구충족을 위해 부모를 이용하고 속이고 이기려 든다.

그런 자녀와의 전쟁에서 부모는 놀라고 겁먹고 슬프고 화가 나면서 점점 혼란스러워진다. 심한 경우는 아이를 힘들어하는 단계를 넘어 싫어지기도 한다. 부모는 자녀에게 상처를 주고 자녀들간에는 시기, 질투, 분쟁이 끊이지 않게 된다.

너무나 좋은 부모인데 양육을 힘들어 하는 경우는 보통 초기 작업인 '이기기' 한 번을 놓친 경우가 많다. 이 기초 작업을 한번만 다졌다면 부모와 자녀가 주고받을 기쁨, 사랑, 감격이 더 많았을 것이다.

때를 기다린 한 번의 이기기

'우리 집 된장국'과 같은 우리 집 '자녀양육 8가지 주제' 중에 기초 작업은 '이기고 져주기'이다. 아이에게는 장사라도 진다. 예뻐서 지고 어쩔 수 없이 말이 안 통해서 지고 애가 모르니 또 지고. 하지만, 이렇게 '지고 또 지기'를 반복하며 속에서 겉까지 다 지면 아이가 결정권이라는 고삐를 잡아 버리니 양육자와 피양육자 모두에게 좋지 않다.

바닥에 뒹굴고 떼를 부리고 찻길에 뛰어 들어도 멈추게 할 권위가 없는 것이다. 집에서는 그나마 나으나 밖에 나가면 오만 진이 다 빠져서 돌아오는 것이다. 양육자가 지치니 기쁨이 사라지고 아이를 향한 애정도 더 줄게된다. 주변인들도 사랑스러운 모습보다 고집스러운 모습에 놀라 아이에게 충분한 애정을 주지 못한다.

이런 영아기와 유아기의 시기를 거쳐 사춘기 청소년기에 접어들면 부모는 게임의 분량을 정할 권위도 자녀의 태도를 지적하며 고쳐갈 권위도 없어지게 되는 것이다. 권위 없는 잔소리가 잦아지고 아이는 아이대로 한 귀로 듣고 한 귀로 흘린다. 서로가 서로에게 애정보다 피곤함을 느끼고 편안한 마음보다 불편한 마음이 커진다. 영아기, 유아기 때는 예쁜 짓과 미운 짓이 섞여 힘들지만 그래도 예쁘다. 반면 청소년기에 접어든 사춘기 자녀의 냉랭하고 뚱한 분위기는 자녀를 사랑했던 만큼 부모에게 서운함을 더한다. 서로의 관계가 힘들고 대화도 어긋나면서 당황스러움이 더 커진다. 이러기 전에 이겨야 한다.

첫째 아들 한샘이를 양육하면서 고민이 시작되었다. 어르신들, 새

내기 엄마들, 양육서적들, 성경의 내용이 제각각이었다. 서로 다른 의견과 방법론으로 조언을 듣기도 했다. 여러 가지 양육의 방법론들 중에서 나에게 좋은 양육방법을 선택하기 시작했다.

한샘이를 낳고 처음 아이를 보는데 너무 예뻤다. 금빛 고수머리에 반듯하고 예쁜 얼굴, 2.75kg의 작은 몸에 하얀 피부로 태어난 우리 한샘이. 집집마다 거의 다 듣는 "갓 태어난 애가 이렇게 예쁜 것은 처음 보았다." 는 말을 몇 번 들었다. 씻기고 먹이고 재우기를 반복하는 힘든 일도 재미있었다. 먹고 자는 욕구처럼 엄마를 원하는 안기고 싶은 욕구도 중요하다고 생각해 많이 안아 주었다.

체중은 낮아도 순하게 잘 자고 잘 먹고 건강하게 잘 자라던 2주차 깊은 밤, 한샘이의 턱 밑이 부어올랐다. 다음날 아침 일찍 동네 소아과 병원에 갔다. 염증의 원인은 알 수 없고 아기 체중에 맞는 항생제 투여는 고난이도 일이라며 전문 대학병원에 입원시킬 것을 권했다. 대학병원으로 갔으나 대학병원 측 신생아 전문의는 신생아는 일정기간 자체 면역력이 있어 이런 현상은 드문 일이라며 바이러스의 유무와 종류를 찾기 위해 피검사와 척추 골수 검사를 해야 한다고 했다.

항생제를 투여하고 이삼일이 지나자 아이의 턱은 가라앉았는데, 척추 골수 검사 이래로 한샘이는 울음보가 터졌고 엄마가 없으면 바로 울었다. 한샘이는 병원 퇴원 이후에도 자주 울고 조그만 소리에도 잠이 깨는 아이가 되었다. 1년 6개월 정도를 밤마다 한샘이와 나는 대여섯 번 이상씩 깼다. 나는 생후 1년을 중요한 시기로 여기고 아이가 원하는 것에 바로 바로 반응했다. 1년여의 고생을 거치면서 한샘이는 밝고 호기심 많은 건강하고 안정된 아이로 잘 자라갔다.

그런데 돌에 가까워질수록 한샘이는 하고 싶은 것들이 늘어만 갔다. 한샘이는 하고 싶은 것인데 나는 안 된다고 해야 할 것들이었다. 엄격한 목소리로 "안 돼."를 선포하지만 한샘이는 웃으며 그 선을 계속 넘었다. 아이 입장으로는 당연한 일이다. 하고 싶은데 왜 안 되는지는 모르는 것인데, 이유를 설명한다고 이해할 수 있는 시기가 아니었다. 어찌해야 되나 고민하다가 그래서 '맴매'가 필요 하다는 것을 알게 되었다. '맴매'한다고 말로는 들어도 첫째로 태어난 아이는 보지도 겪지도 않았으니 '맴매'가 뭔지는 알 수 없다. 경험을 해야 하는 것이다.

한샘이를 사랑하기에 계획된 징계

"매를 아끼는 자는 그의 자식을 미워함이라. 자식을 사랑하는
자는 근실히 징계 하느니라." (잠언13:24)
"아이의 마음에는 미련한 것이 얽혔으나 징계하는 채찍이 이
를 멀리 쫓아내리라." (잠언22:15)

라고 성경에 쓰여 있다. 나는 아이를 직접 키우며 고민하던 중 이
말씀이 왜 보물 중에 보물 인지 직접 체험했다. 아이의 인지시기를 고
려하지 않고 체벌을 통해 어떤 특정일을 고치게 하려는 것이 아니다.
부모가 모든 일의 통제권을 가지고 아이의 인격을 학대하고 협박하려
는 것도 아니다. 아이를 매로 키울 수는 없다. 경험을 통해 인지가 커
가며 상황이 다 이해되었을 때 적절한 행동을 선택해 간다. 때로 어떤
일들은 한참의 세월이 지나 나이가 든 이후에야 변화된다.

다만 분명한 징계의 경험 즉, 육체의 고통을 통해 엄마에게 자신이
져야함을 배우는 것이다. 엄마의 말을 듣지 않으면 아프니 자신의 마
음을 멈춰야 된다는 것을 배우는 것이다. 바로 엄마의 목소리가 차분
하지만 분명하게 "안 돼! 맴매한다." 라고 했을 때 자신의 큰 욕구를
멈출 수 있어지는 것이다. 솟구치는 폭탄의 불을 꺼 주는 것처럼 아이
에게 몹시 중요한 것이다. 통제력이 없는 아이에게 엄마가 어릴 적 어
느 시기까지는 통제권을 쥐고 있다는 표시인 것이다.

정확한 징계의 경험이 없는 맴매라는 말은 아이에게 아무런 효과가 없다. 애도 말 뿐인 것을 안다. 그러다 어느 날 너무 화가 난 엄마가 갑작스레 때린 매는 충격이자 상처가 된다. 부적절한 징계 이후 화가 가라앉은 엄마는 죄책감에 아이에게 더욱 잘 해 주게 된다. 문제 행동이 반복되는 것이고 엄마의 징계는 원칙 없는 즉흥적 행동이 되어 문제만 발생한다.

원칙 없는 징계나 징계가 전무한 것, 두 가지 모두 아이에게 권위를 넘겨주는 행동이다. 관계에서의 우위 점령으로 영향력의 무게가 정해지게 된다. 아이에게 더 큰 영향력, 즉 힘이 있다면 아이가 원하는 것을 통제 할 수 없어진다. 통제권이 없는 엄마는 당황하거나 화가나고 원칙없는 징계이후 미안해져서 더욱 지게 된다. 정확한 원칙 아래에서 한 번 이기고 백 번 져주기를 권한다.

이기기의 출발 시기는 생후 1년 즈음이 좋다. 안정감을 잘 형성한 후 동일시가 막 지나갈 때, 자아 인식과 함께 고집이 시작되는 아이에게 징계 다시 말해서 매 때리기로 엄마가 이기기를 완성하는 것이다. 너무 간단하고 너무 무식하다고 여길 수도 있으나 아이의 성장 시기를 기다리며 중요한 사건을 포착하고 상처 없는 효과적인 징계를 주어야 하는 이기기는 섬세한 작업이고 유식하지 않고는 이룰 수 없는 일이다.

한샘이의 호기심과 활력이 폭발하듯이 커져서 통제 불가능한 시기에 접어 들었다. 중요한 징계의 기점이 다가왔기에 언제 무슨 일로 매를 들게 될까 떨리는 마음으로 기다리고 있었다. 어느 날, 한샘이가 대두 콩 담은 바구니를 헤집으며 뿌리고 싶어 했다. 호기심도 많지만 똑똑해 말이 잘 통하는 한샘이는 "안 돼." 하고 말하면 고개를 끄덕이고 멀리 가 있다가 내가 등을 돌리고 장소를 바꾸면 다가가 콩 바구니에서 콩을 헤집고 뿌리기를 두세 번 반복했다. '아, 때가 되었구나.' 최소한 엄마의 말은 이해했으니, '자신의 하고 싶은 것'과 '엄마' 중에서 엄마가 이길 때가 된 것이다.

먼저 한샘이에게 계속 같은 행동을 보이면 '맴매'를 할 것이라고 말했다. 다음으로 매를 가지고 와 엄마 손을 치고 한샘이 엉덩이를 벗겨 치는 흉내를 내며 계속 하면 이렇게 맞는다고 맴매의 과정을 설명했다. 세상 물정 모르고 엄마 사랑만 받아온 한샘이는 고개를 끄덕이며 콩 헤집기를 하지 않겠다고 약속을 했지만 곧바로 또 콩 바구니를 헤쳤다. 한두 번 더 설명한 후 말했다. "정말 맴매다." 한샘이는 다시 바구니를 헤집고 콩을 뿌렸다.

너무 마음이 아픈 일이지만, 우리 모두의 행복을 위해 한샘이는 기저귀가 벗겨지고 아주 아프게 엉덩이에 매 3대를 맞았다. 세상에서 제일 사랑하는 엄마, 절대 안정을 느끼는 관계이던 엄마가 처음으로 매를 때리니 한샘이는 너무 놀란 표정이었다. 크게 울음보를 터뜨리고 조금 떨어진 곳에서 엄마를 경계의 눈초리로 바라보았다. 이 때 "잘못했습니다." 하고 말하길 권하며 엄마가 안아주겠다고 말했다.

한샘이는 1~2분 정도 고민하다 "잘못했습니다." 라며 손을 비비고 백기를 휘날리며 사랑하는 엄마를 다시 얻었다. 엄마의 품에 안겨 바로 행복을 느끼고 평안해졌다. "잘못했습니다." 는 잘못을 인정하고 나서야 화해가 이루어진다는 것을 알리는 신호다. 나는 안겨 있는 한샘이를 위로하며 상황을 설명했다. 다음에도 엄마 말을 안 들으면 맴매를 맞는다고도 덧붙였다.

29살의 김혜정과 29살의 한샘이 엄마 김혜정이 다른 존재이듯이 징계 경험 전의 한샘이와 징계 경험 이후의 한샘이도 다른 존재였다. 고집이 고통을 가져 온다는 것을 경험했기 때문이다. 실제로 한샘이와 그의 동생 넷, 5남매 모두 이 시기를 경험했다. 다섯 아이들 다 돌 전에 안정적인 애착을 형성해 주변 사람들로부터 칭찬을 들었다면 돌이후에도 말이 통하고 순종하는 아이라며 예쁨을 많이 받았다. 지금도 어린이집과 학교생활 전체에서 집중력이 높고 차분한 아이들이라는 평가를 받고 있다.

이런 매를 자주 경험하는 것 또한 아니다. 실제 한 아이 당 유아기 만5세가 되기 전까지 한해에 한두 번의 매도 맞지 않고 살아간다. 이조차도 동생들은 경험과 눈치가 누적되는지 거의 한 번의 매로 쭉 이기고 키우기도 한다. 1년을 기다려 한 번 기회를 만든 것이고 키우는 도중에도 매를 자주 경험하지는 않는다.

이런 경험으로 엄마가 이기고 나면 아이는 엄마의 어감이나 눈빛 변화에 자신의 행동을 멈추고 순종한다. 너무 사랑스러워 시간이 갈수록 더욱 칭찬을 듣게 된다. 주변사람들에게도 "보기 좋고 흐뭇함을 느끼게 하는 아이들이다." 라고 칭찬 듣고 사랑 받는 아이가 된다.

평생 지고 종으로 살아갈 부모라는 역할을 완수해 내기 위해서 꼭 한 번 이기기를 진심으로 권한다. 자녀의 인생 100년 중에서 거의 한 번 이기는 일이다. 어젯밤도 나는 졌고 오늘 아침도 나는 졌다. 아이들은 색모래 담는다며 온통 집을 어지르고 어린이집 가기 전에 그림 그리겠다고 어지르고 이 옷 싫고 저 옷 입겠다고 옷장을 다 헤집어 놓고 갔다. 잠시 이겨봤자 눈물을 그렁거리면 애가 닮은 병에 걸린 우리 부모가 뭘 이기겠는가. 평생 잘 져주기 위해서 꼭 한 번 이기고 출발하자고 너무나도 권하고 싶다.

키워야 하는 부모도 인생에 할 것과 안 할 것을 구별하고 사랑 받으며 살아가야 할 자녀도 모두 이기는 '이기기'를 경험하기를 강력히 권한다.

'이기고 져주기'의 세부적인 참고사항

첫째, 매를 드는 대상은 많은 양육시간을 들여 애착관계가 잘 형성된 양육자만 가능하다.

주로 엄마일 텐데 이런 매를 아빠나 주변인들이 드는 건 위험한 일이다. 아이가 아프고 놀라는 일이라 애착이 깊은 엄마가 적격이다. 가장 많이 사랑해 주었기 때문에 징계할 수 있는 것이다. 신뢰도가 낮은 대상에게 맞은 매는 상처가 되고 문제가 발생한다.

아이가 매를 경험할 때, 주의 할 점은 주변 양육자들 예를 들어 아빠, 조부모님, 이모, 고모, 삼촌이 의견이 없이 모른 척 멀리 계시면 좋겠다. 엄마의 편을 들며 아이를 야단친다면 아이는 여러 명의 징계를 받는 격이 된다. 아이에게 힘든 일이다. 반대로 주변인들이 아이 편을 든다면 아이는 고통을 모면하기 위해 그 중에 영향력 있는 사람에게 도망을 갈 것이다. 징계를 거부하면서 엄마를 거부하는 것이 되고 엄마 또한 아이만이 아닌 제3자의 반대 속에 징계를 하는 것이라 이길 수가 없어진다. 이럴 때는 반대효과가 나타나게 되는데 엄마가 이기지 못하고 아이만 더 세져버린다. 세진 아이는 고집이 더 커지고 다음 번 다시 잡은 징계의 날은 서로에게 더욱 힘든 시간이 될 수 있다.

둘째, 첫 매의 목적은 아이를 위해 한 번의 이기기에 있고 행동 수정이 아니다.

나는 한샘이 보다 대두 콩이 소중했던 것이 아니다. 나는 조급하거나 화가 났던 것도 아니다. 치우기가 싫었던 것도 아니다. 아이 이유식 시기에 스스로 먹고 싶어 해서 직접 먹게 하고 식탁과 집안은 물론, 아이의 몸을 닦이고 옷을 갈아입히기를 하루에만도 다섯 번 이상은 했다. 다시는 콩을 어지르지 못하게 하겠다는 것이 징계의 목표는 아니었다. 엄마의 말을 이해하고도 마음대로 하고 싶은 마음의 중간에 서서 "내가 너를 인도해야 네가 안전하고 행복하다." 고 외친 승리의 매였다. 아이의 행동수정을 목표로 한다면 애들의 엉덩이는 매일 너덜너덜하게 해질 것이다. 반면 행동 변화도 실패할 것이다.

한샘이의 대두 콩 사건처럼 어떤 특정 일로 적절한 때와 상황을 만들어 경험을 만들어 주어야 한다. 엄마의 말을 충분히 이해할 정도로 성장했고 자신이 하고 싶은 일을 멈추지 못할 때가 적당하다. 유사한 일은 그 이후로도 반복될 수 있다. 개구쟁이가 순둥이 되게 하자는 것은 아니다. 그 때마다 매를 들자는 것은 더더욱 아니다.

셋째, 징계의 내용에 대한 기준은 양육자가 결정한다.

첫 이기기의 징계는 세심히 고민하고 기다리며 골라 결정해야 한다. 아이가 이해가 전혀 안 되는 사항이나 시기여도 안 된다. 복잡하고 힘든 작업 말고 '되고', '안 되고'의 흑백이 분명한 일이어야 한다. 엄마의 말을 이해하고도 마음대로 하는 것 중에 골라야 한다. 첫 이기기 이후의 징계들은 일반적인 통례에 가정마다의 중요도가 달라서 기준이 다르다. 내가 키우는 것이니 남을 다 따라할 수도 없고 세세하게 좇아다니며 다 물어볼 수도 없다. 나의 식견과 인품 안에서 기준을 가지고 가르쳐 가면 된다.

넷째, 징계의 연령은 돌 전 후반이 좋다.

돌은 동일시의 끝자락이면서 개인자아가 폭발적으로 커지는 시작점에 있다. 아이가 걷기가 가능해 행동반경도 갑작스레 넓어지면서 위험한 일도 빈번히 일어나는 시기이다. 행동수정이 아니니 크면 하자고 계속 뒤로 미루면 그 시기의 길이만큼 아이가 강해진다. 미루어진 시기만큼 주도권이 없는 부모는 양육이 힘들고 아이는 아이대로 버릇이 없어진다. 엄마와의 애착이 강한 시기일수록 징계에 대한 상처가 적고 승복도 빠르다.

나이를 먹어 갈수록 자아가 강해지고 섬세해 진다. 늦은 매는 상처나 충격을 주기도 하고 자녀의 자존심 싸움으로 징계의 시간이 길어지기도 한다. 어지간히 강한 엄마를 제외한 대부분의 엄마는 지고 만다. 아이에게 손해 중에 손해인 것이다. 돌전에도 이걸 어떻게 이해하나 싶게 똑똑한 아이는 두세 살만 넘어가면 더욱더 영특해진다. 아이지만 갖은 방법으로 이기려 노력한다. 나이가 들수록 더 똑똑하고 강해져서 엄마가 이기기를 시도하기가 힘들어진다. 우리 아이들과 주변에서 같이 키워진 아이들 대부분이 돌 전 후반 징계를 경험했다. 넓게 잡아 돌 되기 한두 달 전부터 돌 이후 두세 달 사이에는 이 시기에 접어든다.

다섯째, 매 이후 놀라 있는 아이에게 "잘못했습니다." 로 잘못을 인정하게 해야 한다.

징계의 목적이 이기기인지라 잘못을 인정하고 난 후에 안아야 한다. 아이가 엄마의 말을 듣지 않았고 고집을 피워 매를 맞은 것이기에 잘못을 인정하고 사과한 이후에 화해가 이루어진다는 것을 배우기 위해서이다. 이기기의 과정은 징계가 반, "잘못했습니다." 하고 잘못을 인정하는 것이 반이다. 똑같이 중요하다. 이 두 가지가 함께 이루어져야 이기기가 가능한 것이다.

안쓰럽다고 바로 안아 버리거나 아이 버티기에 져서 그냥 넘어가면 앞의 징계가 아무 소용이 없어진다. 아이는 얼마나 영특한지 이 엄마의 감정을 눈치 채고는 그 다음부터 '고집 → 매 →눈물'의 공식을 만들어 고집 부려 맞고 울고, 울며 고집 부리다 다시 맞고를 반복한다.

정확히 "잘못했습니다." 하고 인정하지 않으면 이긴 것이 아니다. 돌 전후가 잘못을 인정하는 시간이 가장 짧은 시기이다. 돌 전후 아이들은 살짝 고민은 하지만 엄마 품에 안기고 싶어서 1~2분 내로 "잘못했습니다." 를 대충이라도 바로 한다. 연령이 높아지면 높아질수록 힘들어진다. 일부 아이들 중에서 10~20분도 버티는 아이들이 있고 심하게는 1~2시간도 봤다. 주로 늦은 매이거나 약한 엄마가 원인이다.

유사 경험을 한 엄마들은 "우리 아이는 그냥 말로만 해야 하는 아이다. 말을 좋게 하면 듣지만 엄하게 하면 상처를 받고 더 말을 듣지 않는다. 매는 아닌 것 같다." 라고 말한다. 이는 아이가 이긴 것이라 아이 고집은 더 세지고 문제 행동이 많아진다. 엄마도 아이에 대해 힘들어 하고 손을 대지 못하는 영역이 늘어난다. 고집이 세진 아이는 주변 사람들로부터 충분한 사랑을 받지 못하게 된다. 보고 있으면 괴롭고 피곤하기 때문에 피하고 싶은 대상이 되기 십상이다.

여섯째, 매는 엉덩이에 3대가 가장 적당한 것 같다.

적다는 느낌도 없고 많다는 느낌도 없는 3대가 가장 좋은 것 같다. 1~2대는 너무 빨리 지나가서 애가 엉겁결에 버티듯이 뚝심으로 이겨내 버리기도 한다. 4~5대는 너무 많아진다. 부모도 애도 3대면 끝난다는 약속은 중요하다. 간혹 살다보면 너무 화가나 더 때리고 싶어질 때도 있다. 부모의 자기감정 절제를 위해서도 3대 이상으로 넘어가지 않는 것이 좋다. 약하지 않게 통증을 느낄 정도의 강도가 좋고 준비된 매가 있으면 좋겠다.

매의 강도는 아픔이 남을 강도로 때린다. 손바닥을 때리면 살이 없어 손마디가 아파서 안 된다. 아이도 두려워 거부하기 때문에 징계 과정이 힘들다. 엄마 무릎에 엎드려 엉덩이로 맞는 것이 좋다. 첫째 아이는 매의 강도를 반으로 줄여야 한다. 간혹 아이의 몸 여기저기를 기준 없이 때리시는 분들이 있는데 이런 행동은 아동의 나이를 불문하고 안 된다.

'이기기'가 잘 형성된 이후에는 '손들고 있기' 등으로 대체해 간다. 엄마와 자녀 사이에 권위가 형성된 이후에는 실제 양육에서 매를 드는 경우가 거의 없다.

일곱째, 존댓말을 사용하게 한다.

이기기의 일환으로 아이에게 존댓말을 사용하게 하는 것이 좋다. 언어는 정신세계를 표출하고 또한 언어를 통해 사고가 정립된다. 언어가 정서와 사고에 지대한 영향을 준다는 것은 익히 연구되어 알려진 바다.

우리나라의 언어는 다른 나라에 비해 존댓말의 구별이 명확하다. 아이가 어린 시절부터 존댓말로 관계하게 된다면 자신이 이기려고 하는 욕구를 조절해 가기가 쉽다. 아이와의 친밀도를 위해 반말로 대화하는 부모들이 늘어가는 추세이다. 친밀함은 단순 반말로 높아지는 것이 아니라 신뢰가 쌓이고 자연스러울 때 높아진다. 존댓말 사용이 친밀도를 낮추지 않는다. 도리어 다른 사람을 배려하는 언어를 사용할 수 있게 된다. 사회 구성원으로 살아갈 때 선생님, 웃어른, 선배, 상사뿐만 아니라 모든 사람들이 존댓말의 대상이다. 적절한 존댓말을 몸에 배고 마음에 배게 하는 것은 아이의 평생을 위해 좋은 일이다.

징계는 아이 마음의 통제권을
일시적으로 갖는 것

성인이 될수록 자신 스스로 마음의 소리를 들으며 자신의 행동들을 철학화해 간다면 어린 시절은 나와 다른 누군가의 관계에서 어떻게 행동하고 말하고 느끼는지를 배우며 인격의 바탕을 준비하는 시간이다.

징계는 매를 때리는 방법으로 아이가 겪는 육체적 고통과 감정적 수치심을 통해 아이 마음의 통제권을 일시적으로 갖는 것이다. 심리학에서도 적절한 수치심은 자기계발의 원동력이 된다고 한다. 사람의 양심은 부끄러움을 느끼고 나면 그 일을 멀리한다. 부끄러운 인간은 더 나은 나로의 도약을 꿈꾸고 타자의 시선과 평가에 적절히 반응한다.

엄마가 칭찬하거나 체벌하는 일이 기준이 되어서 자아 인격의 기초 작업이 다져진다. 선악이 구별 되고 그에 맞는 적절한 행동반응을 해 갈 수 있어진다. 인격 형성에 있어서 중요한 작용이다.

우리 앞 세대에는 사회 문화적 기류가 어른이 모든 권위를 가지고 있었다. 지금은 집에서도 학교에서도 징계가 사라졌다. 시대가 이러하니 더욱 이른 첫 징계로 엄마가 이겨주기를 바란다. 자녀를 사랑하는 만큼 자녀를 위해서도 꼭 이기는 부모가 되길 바란다.

속까지 다 져서 아이가 왕이 되고 안하무인이 된다면 아이에게 좋지 않은 일이다. 이기기는 처음 한 번이고 부모는 백 번 만 번 진다. 온 평생 다하면 억 만 번도 더 질 것이다. 맘 편히 잘 져주기 위해서도 처음 한 번을 꼭 이기자.

이기기 과정에서 한샘이에게 미안한 마음이 있다.

첫째이다 보니 매에 대한 느낌도 더 무서웠을 테고 눈치는 더 없었을 것이다. 아래로 내려 갈수록 아이들이 징계에 대하여 약고 순발력 있게 대처하는 것을 본다. 동생들은 엄마가 매만 들었고 목소리만 커졌지 자신에게 져 준다는 것을 눈치로 다 이해하고 있다. 한샘이는 매에 대한 긴장감과 두려움이 있었지만 동생들은 현저히 적었다.

개인 성향과 기질의 차이로도 편차가 있지만, 아이들은 아래로 내려갈수록 훨씬 높은 감정 회복탄력성과 순발력이 있다. "잘못했습니다." 하는 인정을 빨리 마치고 엄마에게 안기며 예쁜 목소리와 태도로 "무서웠네. 속상했네." 하며 넉살 좋게 엄마를 야단치기도 한다. 엄마 입에서 "그랬어. 에구, 우리 아기."를 한 번 더 듣는 것이다.

한샘이는 지금도 우리 집에서 엄마의 입에서 말이 떨어지면 가장 빠르게 순종한다. 동생들은 이 핑계 저 핑계에 세월을 보낼 때 바로 행동한다. 대견하고 예쁘기도 하고 각 들어간 모습이 미안하기도 하다.

그래서 권하는데 첫 아이는 매의 강도를 절반으로 줄여도 될 듯하다. 나는 첫 애 키울때 두 가지의 실수를 했다. 첫째, 남매를 통한 경험이 없는 한샘이에게 매의 강도가 너무 셌다. 둘째, 매의 목적에 행동수정이 완전히 배제되어야 한다는 것을 그 당시에는 정확히 몰랐다. 한샘이는 징계를 받는 태도가 좋은데 지적받은 행동을 반복했다. 엄마를 이기려는 마음인가 했는데 나중에 여럿을 키워보니 잘 안 되는 것들이었다. 나이가 필요하거나 한샘이 만의 독특한 성품 중에 잘 안 되는 것들이었다.

모든 부모는 첫째에 대한 애달픈 마음이 있다. 부부간에도 호흡을 맞춰야 하는 신혼에 첫째 아이는 태어난다. 소중하고 노력도 많이 기울이지만 부모로의 경험이 미숙한 시기이다. 동생도 태어나지 않아 공동체를 늦게 경험하게 되면서 아이 자신의 경험도 미숙하다. 많은 안타까운 점들이 있지만 첫 아이를 너무나 사랑하고 소중히 여긴 사실은 남아있다. 첫 아이를 향한 남다른 애정은 모든 엄마들이 고백하는 바이다. 그러니 그 아이 자신에게 나머지를 맡기고 덜 미안해해도 될 것 같다. 계속 사랑해 갈 것이기 때문이다.

잠시 이 글을 빌어 한샘이에게 미안한 마음을 전한다. 선행 상을 자주 받아오는 우리 한샘이는 너무 순수하고 착하다. 이 글들을 수정해 가는 며칠 전에 우리 한샘이가 기쁜 소식을 전했다. "엄마, 저 1학기에 선행 상 받았어요. 모르시죠? 말씀 안 드려서……." 나는 바로 환호를 지르고 안아주며 뽀뽀를 퍼부어 주었다. 17살의 고등학교 1학년 내 아들, 내 사랑 한샘이는 천사의 미소를 짓고 돌아다니는 별난 애다.

이기고 져주기! 적극추천으로 1장에 붙인다.

Chapter 02

그냥 항상 기뻐하기

Let
Them
Be

복숭아 속살처럼 태어난 갓난아기를 마냥 기뻐했던 그 순간으로 돌아갈 수 있다. 매일 매일을 사랑할 수 있다. 시간이 갈수록 힘들게 조여 오는 부모로서의 부담감과 책임감에서 벗어나 경이로움에 마냥 떨던 감격의 시간으로 우리 다 함께 돌아가자. 내 아이는 경이로움이었다. 나이를 먹어가고 있는 지금의 자녀가 그 아이다. 가능하다!

모든 인간이 경이로움을 경험하는 그 날, 내가 너를 기뻐한다.

사람의 감정 중에서 기쁨은 너무나 중요한 감정이다. 어린아이들은 단순하고 작은 일에도 극대치의 기쁨을 누리지만 어른이 될수록 기쁨이 줄어든다. 기쁨의 강도나 빈도에도 개인차가 크지만, 분명한 건 어릴수록 기쁨을 더 잘 느끼고 나이가 들어 갈수록 기쁨이 줄어간다는 것이다. 나이가 다양하게 분포 된 우리 집 아이들에게도 물어보면 나이가 들어 갈수록 점점 재미가 없고 심심해 진다고 말한다.

어린시절 폭발하는 기쁨에서 성인이 되어 잔잔한 기쁨 내지 가끔의 기쁨을 경험한다. 어른이 될수록 동심을 잃어 가다가 갑작스레 큰 기쁨에 빠져들 때가 있다. 큰 기쁨의 랭킹 1, 2위는 당연히 뜨거운 연애나 자녀의 출산이 된다. 뜨겁게 사랑할 나의 사람이 생긴 것이다. 그 중 장기간을 독차지하고 끈끈하기가 비교할 것이 없는 것, 바로 자녀이다. 자녀에 대한 기쁨은 모든 부모의 공통된 감정이다.

> "하늘로부터 소리가 나기를 너는 내 사랑하는 아들이라. 내가
> 너를 기뻐하노라 하시니라." (마가복음1:11)

이라는 성경 말씀이 있다. 하나님 아버지께서 아들 예수가 세례를 받고 물에서 나올 때 성령을 부으며 하신 말씀이다. 사랑하는 아버지가 사랑하는 아들에게 너는 내 사랑하는 아들이라는 상호관계에 더하

여 "내가 너를 기뻐하노라." 는 마음을 고백하는 장면이다.

모든 부모는 아이를 기다리고 잉태하며 큰 기쁨을 누린다. 미지의 한 생명체가 우리 두 사람으로부터 출발해 뱃속에서 자라고 있다! 정말 안 믿어지는 사실이다. 초음파라는 과학문명에게 감사하다. 모든 부모가 가장 고마워하는 문명의 이기 중에 하나이다. 병원 가는 길이 그렇게 기쁠 수가 없다. 매달 뱃속의 아이가 자라가는 모습은 경이롭다.

280일이 지나면 출산을 한다. 인생에 몇 번 경험하기 어려운 특별한 날이다. 아이의 얼굴을 직접 보고 안을 수 있는 날, 꿈틀거리던 에일리언이 아닌 사람이 살고 있었다는 것이 명백히 드러나는 날이다. 두렵고 힘든 출산의 고통도 팔에 안긴 보답으로 가장 기쁜 날이 된다. 어두운 먹색의 화면으로 보던 얼굴이 아니다. 복숭아 빛 살결에 눈, 코, 입이 있는 생명을 가진 작은 한 사람을 받게 된다. 받아 본 선물 중에 최고다. "와~" 하는 탄성이 절로 터지는 순간이다. 이 작은 생명체와 우리는 이제 하나 되어 한 솥밥을 먹으며 살게 된 것이다. 늘 궁금하다. "어디서 왔니? 고마워." 모든 부모의 자녀를 향한 첫 감정은 "너는 사랑하는 내 아들(딸)이다. 내가 너를 기뻐한다." 이다.

햇살과 그림자

모든 부모는 자녀 양육을 힘들다고 느끼지 않는다. 사랑하기 때문이다. '사랑'은 너무나 크고 종합적이라 그 의미를 정의하기가 어렵다. 하지만 사랑에는 필히 같이 파생되는 감정 하나가 있다. 바로 기쁨이다. '사랑'을 '태양'으로 비유하자면 '기쁨'은 태양을 느끼게 하는 '햇살'과 같다. 이 사랑의 기쁨 안에는 감격, 감사, 충만함, 세상을 다 가진 느낌, 다른 사람들이 나를 축복하는 느낌 등 복합적인 감정이 들어있다. 사랑할 때 솟아나는 기쁨을 말로 설명하는 것은 어렵다. 사랑을 해도 기쁘고 사랑을 받아도 기쁘다.

그런데, 시간이 흘러갈수록 기쁨대신 슬픔이 커진다. 햇살이 피사체를 비추어 만드는 '그림자'처럼 걱정, 근심, 두려움, 후회, 책임감, 막막함 등을 느낀다. 기쁘면서 기쁨이 사라질까 두려워진다. 기대가 사라질까, 행복이 깨어질까, 누군가가 나의 행복을 빼앗아 갈까 두려워진다.

햇살은 줄고 그림자는 길어진다. 건강하게 태어나기만 바랄 때와는 다른 상황이 펼쳐진다. 녹녹치 않은 삶의 시간이 천사 같은 아기에게 시작된 것이다. 혹시나 우리 아이에게 교통사고, 질병, 유괴, 성폭력, 학업부진, 왕따, 실업, 결혼 실패 등이 일어나진 않을까 오만가지의 걱정을 한다. 온 몸과 마음을 다 바쳐 사랑하면서도 부모 자신을 부족하게 여기며 미안해하기도 한다. 부모가 가진 것이 없고 많이 배우지 못해 너를 충분히 훌륭하게 키우지 못하는 것은 아닐까 싶은 두려움에도 휩싸인다. 너무 작고 사랑스러워 보물이던 아기는 기쁨과 비례하는 슬픔을 주기 시작한다. 아플 때, 다칠 때, 아이가 슬퍼할 때 같이 슬퍼진다. 내 자신의 감정만 느끼던 엄마가 아이의 감정을 고스란히 느끼며 하나가 되어간다.

첫째 한샘이가 생후 2주차에 몸이 아팠을 때, 채 3kg도 안 되는 한샘이를 품에 안고 병원을 돌아다니며 펑펑 울었다. 속내를 잘 드러내지 않는 성향의 내가 자식이 아프니 병원 로비에서 펑펑 울었다. 사람들 많은 곳에서 누가 보든 말든 개의치 않고 펑펑 울어버렸던 경험은 그때가 처음이었다. 아이가 아픈 것이 슬프고 아이의 고통이 온통 내 고통으로 들어와 버린 것이다. 한샘이가 받는 고통이 더 크게 느껴졌고 대신 아파해 줄 수 없는 것이 안타까웠다. 척추 골수를 뽑은 후 예민해진 한샘이가 발작적으로 울고 내 품을 떠나지 않았지만 힘들지 않았다. 1년 넘는 시간을 깊게 잘 수도 없고 애와 잠시도 떨어질 수 없었지만 힘들지 않았다. 아마도 병원로비에서 느낀 슬픔이 너무나 커서 인 듯하다. 아이가 아프지 않는 시간의 소중함을 배우고 감사를 배워서이다.

철없이 자기 인생만 살아가던 애송이가 부모가 되어 자녀 인생을 위해 울기 시작하는 것이 부모 수업의 시작인 것 같다. 기쁨만이 아니라 고통과 슬픔이 몰려온다.

복잡하고 힘든 양육의 시간들

아이가 어릴 때는 부모의 기쁨수치가 높다가 자녀 성장과 함께 부모는 걱정수치가 높아진다. 아이를 한 사람으로, 인격체로 키워내는 양육은 어렵고 힘들다. 생명보존만이 아닌 한 인간으로 성장해 갈 때 복잡하고 다양한 변수들이 발생한다. 자신이 누구인지 어떻게 살아가야하는지의 토대를 만들어 주는 시기이기에 부모에게 책임감과 고민이 따라다닌다. 아이의 미래를 위한 상상 속 걱정 말고도 실제 양육의 내용이 어려워지면서 기쁨이 줄어든다. 자녀 성장과 함께 기쁨은 책임감을 동반한 무게감으로 바뀌어간다. 똥이 샜다고 야단맞는 아기는 없지만 동생을 꼬집는 언니는 야단맞게 된다. 잔소리와 야단이 시작된다.

나이와 함께 비례적으로 커져가는 근심걱정을 줄이는 것이 양육에 있어서 중요한 사항이다. 나는 부모와 자녀 양측 모두를 위해서 양육의 기쁨이 양육의 책임 보다 앞서야 한다고 본다. 자녀도 부모의 기쁨이 전달될 때 더 행복한 사람으로 성장해 간다. 자녀는 부모가 자신을 향해 짓는 얼굴 표정, 태도, 감정을 느끼며 자신을 인지한다. 부모가 기뻐하면 자신을 기쁨으로 부모가 슬퍼하면 자신을 슬픔으로 인지한다.

'거울 자아 이론'은 거울을 통해 나를 인지하듯이 다른 이의 시선과 평가를 통해 자신의 존재감을 인지한다고 말한다. 어린 시절의 부모라는 거울은 자녀에게 가장 중요한 요소이다. 성장기를 거쳐 성인이 되어서도 부모가 나를 어떻게 평가하는 가는 자녀에게 너무나 중요하다.

같은 맥락으로 '상한 감정의 치유'의 저자 데이빗 A. 씨맨즈도 "자화상은 유전적인 것에 더하여 출생, 유아기, 유년기, 그리고 사춘기를 경험하며 형성된다. 어떤 경험을 하는지 어떤 대우를 받는지에 따라 달라진다. 갓난아기는 자아에 대한 개념이 거의 없다. 성장해 가면서 점차로 서로의 다른 점을 가려내며 자기 자신에 대한 자화상을 얻게 된다. 그리고 이 자화상은 생애 가운데 가장 중요한 다른 사람들에 의해서 그들에게 비추어진 영상으로부터 얻는다. 놀이동산의 거울의 방, 여러 거울들이 즐비한 곳에서 오목하고 볼록한 거울에 자신의 모습이 다르게 보인다. 그렇듯이 어머니, 아버지, 형, 오빠, 언니, 누나, 할머니, 할아버지 그 밖에 어린 시절에 중요했던 모든 사람들의 거울로 자신이 비추어지면서 자아상이 형성 된다."고 말한다.

자녀는 부모가 자신을 기뻐하고 자랑스러워할 때 자신감이 차오른다. 반대로 자신을 향한 부모의 감정이 부정적일 때 죄송함에 더하여 죄책감까지도 갖게 된다. 자녀는 부모의 숨겨진 근심, 걱정, 두려움을 사랑으로 느끼기보다 자신의 부족함 때문이라고 여겨 자신의 존재를 무가치하게 여긴다.

마치 바이러스가 퍼지는 것처럼 공감이 일어나는 것이다. 자녀에게 '부모님은 나를 늘 걱정하신다. 나는 별로인 사람이다. 잘 할 수 있는 것이 별로 없다. 하고 싶은 것도 별로 없다. 나는 안 중요한 사람이다.' 가 형성되는 것이다.

통상적으로 '사랑하기 때문에 걱정한다'는 것은 어른들의 관점으로 해석해 낸 사랑이다. 걱정을 사랑이라고 말하는 것은 그림자를 햇살이라고 말하는 것과 같다. 머리와 관습으로 정한 것이고 성인의 입장에서 좋게 해석해 낸 것이지 어린시절 좋아했던 감정은 아니다. 햇살같은 기쁨이 아닌 그림자 같은 슬픔은 사랑의 어두운 면으로 문제를 잉태한다.

그냥 기뻐하면 안 될까요?

자녀를 당당하고 행복하게 성장시키는 방법은 '그냥 항상 기뻐하기'이다. 가장 사랑하는 자녀에게 네가 항상 나의 기쁨이라는 감정을 전달하는 것은 지혜로운 일이다. 부모가 자녀를 그냥 항상 기뻐하면 자녀는 그냥 항상 기쁘다. 기쁨은 자녀의 성장 시기, 개인적인 문제들과 별개이다. 모든 문제는 기쁨이라는 상호관계 다음의 일이어야 하고 기쁨보다 작아야 한다.

거의 모든 가정에서 공통적으로 엄마들은 자녀의 순서가 아래로 내려 갈수록 애정이 깊다. 일명 '내리사랑'이다. 윗사람이 아랫사람에게 주는 사랑이자, 아래로 갈수록 더 깊다는 사랑이다. 엄마들은 주로 동생이 더 정이 가고 더 예쁘고 더 똑똑하고 더 유능하다고 말한다. 엄마에 대한 애착도 동생들이 더 높다.

왜 그럴까? 실제로 자녀의 출생 순서가 월등함과 사랑스러움에 영향을 주는 것일까? 집집마다 첫째 또한 엄마는 동생들을 더 사랑한다고 믿는다. 둘째 셋째로 내려 갈수록 자녀 스스로가 자신들이 가장 사랑 받는다고 믿는다. 엄마들은 주로 첫째는 혼자라서 더 잘해줬고 동생들은 더 잘해주지 못하는데 동생들이 더 예쁘고 키우기 쉽다고 말한다. 모든 아이들이 똑같이 경이롭게 태어났는데 집집마다 동일한 일이 벌어지는 이유는 무엇일까?

내가 자란 원 가정, 지금 우리 가정, 주변인들의 가정을 지켜봤을 때 공통점 몇 가지를 발견하게 되었다. 첫번째 이유는 첫째가 '그냥 항상 기뻐하기' 쉬운 시기에서 복잡 다양한 양육의 시기로 접어들 때 아래 태어난 동생은 '그냥 항상 기뻐하기'의 시기를 거치게 된다. 남매들이 다른 연령으로 같은 시기에 양육 받기 때문이다. 키우기 어려운 오빠, 언니, 형, 누나의 나이에 기뻐하기 쉬운 귀여운 동생의 나이가 겹쳐진다. 부모의 사랑은 동일하고 자녀의 사랑스러움도 동일한데 두 자녀가 다른 나이로 양육 시기가 겹쳐지면서 일어나는 일이다.

또 하나의 이유는 공동체가 형성되고 태어난 동생들은 경험이 많아 스스로를 예쁘게 보이는 법을 빠르게 터득한다. 눈치도 빠르고 영특한데 대놓고 예쁨을 받으니 자신감이 충만하다. 손위 남매들을 제치고 사랑받는 법을 빨리 배워서 사랑을 독차지한다. 첫째도 물고 빨다가 훈계의 시기에 접어들었다. 엄마의 애정은 잊혀 진 채 동생만 물고 빠는 엄마가 야속할만도 하다. 엄마들은 큰 애에게 "너는 더 해줬다." 라고 말한다. 아이의 입장에서 어릴 적은 기억이 안 나고 큰 아이에게는 무덤덤하신 엄마가 동생에게는 기쁨에 찬 목소리와 눈빛을 날리시며 하는 변명으로 들린다. 큰 애가 꼭 안기고 싶은 것은 아니었지만 엄마와 동생이 자주 안고 뽀뽀하는 모습에 소외감이 밀려온다. 종종 용기를 낸 큰 애들이 자신도 안아 달라고 요청한다. 엄마는 작은 애를 안아 줄 때 큰 애가 동시에 요구하는 때가 많아서 주로 안아 주기 힘든 상황이다. 안아도 동생에 비교해 더 짧게 안게 되는데 몸이 커져가니 징그러워진다며 밀어낸다. 다른 기타의 상황을 체험하고 해석하며 엄마가 동생을 나보다 무지 좋아한다는 것을 첫째들은 거의 다 알게 된다. 첫째가 아는 것을 동생들도 안다. 첫째는 주로 이렇게 말한다. "엄마는 동생만 좋아해. 동생 미워, 엄마 미워." 동생은 이렇게 말한다. "엄마는 나를 좋아해. 엄마 좋아."

당사자인 자녀에게는 심각한 상황이다. 나의 존재를 비춰주는 거울이 뿌옇다. 동생의 거울은 빛나는데 나의 거울은 얼룩진 그림자 투성이다. 슬프다.

자녀의 연령이 어떠하든 자녀를 사랑하기에 그냥 항상 기뻐하면 어떨까? 자녀를 만날 때마다 매 순간 감격과 기쁨이 일상이 되면 좋겠다. 책임지는 사랑 말고 기쁨을 주고받는 사랑을 누리면 좋겠다. 자녀를 대할 때 갓난아기를 볼 때처럼 지금 꼬맹이 막내를 볼 때처럼 환성을 지르고 뽀뽀하고 포옹한다며 어떨까? 그 애가 5살이든 15살이든 25살이든 기뻐하면 어떨까? "까아~ ○○야~ 보고 싶었어."를 계속할 수 있으면 좋겠다. 어릴적 예뻐서 한참 바라봤던 것처럼, 소파에 누워있는 다 큰 자녀의 넙대대한 발바닥을 쓱쓱 문지르며 예쁘다고 감격하면 어떨까? 아이가 아침에 눈을 떠서 등하교 할 때, 밥 먹고 놀다 잘 때, 이 모든 시간에 갓 태어난 아기에게 저절로 터져나오던 탄성처럼 엄마가 소리를 내 지르고 안고 뽀뽀한다면 어떨까?

걱정이 제거된 사랑의 길, 기쁨의 길을 잃어버리고 우리가 딴 길로 가고 있는 건 아닐까?

한솔이를 통해 배운 '그냥 항상 기뻐하기'

'그냥 항상 기뻐하기'. 나는 둘째 한솔이와 혹독한 시간을 거쳐 이 답을 얻게 되었다. 스스로 보건데 나는 엄격하긴 해도 애정 표현이 많은 엄마다. 경계를 정한 기준은 움직이지 않지만 자유는 많이 주는 엄마다. 어릴 적 애착 관계가 잘 형성되어서 각각 아이들은 자신이 사랑받는다는 확신을 가지고 동생을 시기하지 않는다.

그런 나에게 우리 둘째 한솔이는 만만치 않은 아이였다. 한솔이는 똑똑하고 야무지면서 개인적인 성향이 강한 아이이다. 그런 한솔이가 영아기, 유아기의 안정된 시기를 지나 아동으로 접어들면서 관계 변화가 시작되었다. 오빠 밑에 여동생이라고 예뻐하며 키웠는데 여자아이들에 비해 다소 어리바리한 남자아이들의 특징을 간파해 오빠를 휘두르기 시작했다. 남동생 한이를 잘 돌보아 주던 똑똑한 누나에서 돌보지는 않고 울리기 시작했다.

나는 착한 엄마가 되어 한솔이를 공주님으로 떠받들며 키웠다. 7년을 키우고 한솔이가 8살이 넘어갈 때 쯤 문제가 드러나기 시작했다. 기다려주면 철들어 착하고 예쁜 딸이 될 줄 알았는데 자기주장이 강해져만 가는 모습에 깜짝 놀랐다. 오빠를 이기고 동생들을 울리고 한솔이는 자기 자신만을 위해 살았다. 예뻐하지만 고치려다 보니 양육이 힘들어졌다. 동생들도 늘어 가는데 갈수록 자기 자신만 위하는 한솔이를 어찌 해볼 도리가 없었다. 감각과 눈치, 지혜까지 다 가진 아이가 이리저리 빠져나가며 남매간에 불협화음을 일으키니 볼수록 괴롭고 힘들었다. 내가 좋은 엄마이면서 아이도 좋은 아이로 키우고 싶었는데 불가능했다. 좋은 엄마인척 할수록 한솔이를 감정으로든 이성으로든 받아 내기가 어려웠다.

　이럴 때 내 마음 깊숙한 곳에 '한솔이가 싫다.'는 감정이 있다는 것을 발견하고 깜짝 놀랐다. 인정하기 싫었지만 사실이었다. 나와 한솔이의 관계는 문제가 있고 안 좋은 상태였다. 나는 좋은 엄마이고 내 딸 한솔이를 좋아한다고만 생각했는데 '한솔이가 싫다.'라는 숨겨진 마음을 꺼내 놓아야만 했다. 한솔이만 나쁜 딸이라고 생각했는데 나도 나쁜 엄마였다. 속상하고 싫었지만 7년 시간의 열매가 현실로 드러나니 인정하지 않을 수 없었다. 한솔이와의 관계문제에서 시급한 것은 나의 실패를 인정하는 것이었다. 인정하고 이 문제를 다시 시작하고 싶었다.

　속내를 인정하고 나니 한솔이보다 내가 문제의 핵심에 있다는 생각이 들었다. 한솔이는 엄마와 애착도 높은 우리 가정의 아이들 중에서 가장 엄마를 덜 필요로 하고 덜 원하는 아이였다. 한솔이의 성격, 행동을 주시하며 싫어했다. 한솔이를 내가 원하는 모습으로 조종하고 싶었던 나의 모습이 보이기 시작했다. 한솔이를 예뻐하는 척 했지만 속으로는 싫어했던 것이다. 어떻게 나에게 저런 딸이 태어났나 싶었고 심할 때는 꼴 보기 싫은 감정을 느끼기도 했다. 마음 설레며 낳았고 너무 예뻐 물고 빨던 내 새끼를 싫어하다니 심각한 상황이었다.

　한솔이를 진심으로 사랑하고 싶었다. 좋아하고 싶었다. 행복해지고 싶었다. 그렇다면 아프더라고 진실을 이야기하고 싸우고 화해해야 되겠다고 생각했다. 한솔이에게 엄마의 솔직한 감정을 설명하고 용서를 구했다. 아직 8살이던 한솔이는 정확히 무슨 뜻인지는 모르는 듯 했지만 어렴풋이 이해하고 별 거부감 없이 나를 용서해주었다.

난 한솔이를 내가 좋아하는 딸로 만들고 싶었던 욕심을 버렸다. 한솔이는 그냥 한솔이다. 한솔이가 전쟁터에 형편이 어려운 집 큰 딸로 태어났다면 또 다른 한솔이였을 것이다. 어느 인품이 고매한 댁의 딸로 태어났거나 알코올 중독에 부부싸움을 밥 먹듯이 하는 집의 딸로 태어났더라도 또 다른 한솔이였을 것이다. 하지만 한솔이는 정신영 아빠와 김혜정 엄마에게서 태어났고 지금의 대한민국에서 '샘솔이비결'의 5명 중 둘째이자 큰 딸로 태어난 것이다. 예쁨 받으며 키워졌고 집안의 어려움이 무언지도 알리지 않고 키웠다. 국가 경제가 좋은 시기에 태어나 별 어려움 없이 큰 애인 것이다. 시대와 역사, 국가, 우리 가족의 역사가 한솔이의 천성에 버무려지면서 지금의 한솔이가 된 것이다.

그렇게 태어나 자란 애를 나는 '엄마가 너 만할 때는'에서 출발된 사고로 바라봤다. 공주로 키워 놓고 갑자기 나이가 먹어 가니 이제 소년 소녀 가장 같은 의젓한 큰 딸을 만들고 싶었다. 나의 욕심이 과한 것이고 불가능한 것이었다. 한솔이는 나와 다른 존재이고 그 누군가와도 다른 존재이다.

한솔이와의 관계문제를 한솔이 탓으로 여기지 않고 문제의 원인을 나로부터 출발하니 엉킨 실타래가 풀리듯이 문제가 풀리기 시작했다. 한솔이의 문제로 주시할 때는 한솔이가 그렇게 밉더니 내 문제로 다시 바라보니 한솔이는 한솔이 그대로 여전히 예쁜 내 딸이었다. 자기 색깔을 가진 자기 의도가 있는 한 존재, 한 영혼이었다. 내 것이 아닌 자기 자신의 것이었고 하나님의 것이었다.

한솔이에 대해 이런 생각들을 하고 있을 때 한솔이에 대한 꿈을 꾸었다. 내가 기아처럼 야위어서 갈비뼈가 돌출된 한솔이의 옆구리를 주먹으로 가격하는 꿈이었다. 내가 두 번 세 번 분노에 차 때리고 있었다. 무슨 의미 인지 알기에 눈물이 솟았다. 한솔이에게 화가 난 나의 모습이었다. 때리고 싶은 마음을 가지고 있는 나였다. 내 입이 우리 공주님을 외쳐도 내 마음이 한솔이를 미워한다면 나는 아이를 학대하는 엄마라는 것을 알려주는 꿈이었다. 정말로 한솔이와 나의 관계는 실패였고 그 문제의 핵심은 나였던 것이다.

한솔이를 있는 모습 그대로 좋아하기 시작했다. 내가 원하는 한솔이 말고 있는 그대로의 한솔이를 좋아하기 시작했다. 그리고 한솔이가 싫거나 거북해지는 나를 한솔이에게 솔직하게 표현하고 용서를 구했다. 싸우기도 하고 울리기도 하고 울기도 하며 파란만장한 6년여를 보냈다. 그러나 목표는 더욱 분명한 6년이었다. 진짜 사랑하기. 사랑하는 척하며 내가 원하는 딸 만들기가 아니라 한솔이를 그냥 한솔이 되게 하기였다. 7년여 넘게 인이 박힌 교육을 되돌리고 내 성격을 바꾸고, 양육 스타일을 바꾸어야 하니 쉬운 일은 아니었다. 뒤에 나올 얘기인 '솔직하기'를 거치며 8살 이후 한솔이와 나는 '그냥 항상 기뻐하기'를 배워가고 있다.

지금 한솔이는 훌쩍 커버린 14살의 중학교 1학년 소녀가 되었다. 지금의 나와 한솔이는 서로를 그냥 좋아한다. 지금의 한솔이의 성격이나 행동은 내가 미워하던 그 때와 여전히 같다. 같은 존재이니 당연한 일이다. 지금도 엄마를 잘 안 도와주고, 오빠를 잡고 동생들을 울린다. 혼자의 시간만 좋아하다 어쩌다 한 번씩 가족의 일에 참여하는 모습을 보인다. 최근에도 빨래가 끝나는 세탁기 멜로디에 갑자기 자기 방 쪽으로 도망가는 한솔이를 보았다. "우리 한솔이 또 도망간다." 며 놀리니 한솔이는 킥킥거리며 도망간다. 내가 웃을 수 있는 것이 좋은 것이고, 한솔이는 도망은 가되 킥킥거리고 웃을 수 있으니 좋다. 그렇게 한솔이가 도망가면 셋째인 한이가 집안일과 동생 돌보기를 도우며 쑥쑥 자라가고 있다.

돌려받는 '그냥 항상 기뻐하기'

내가 아이의 순서를 정하지도 만들지도 않았다. 우리 집의 이 상황을 만드신 하나님이 기뻐하시면 나도 기뻐해야지 뭐 어떻게 해 볼 도리가 없다. 한솔이를 만드신 참 아버지 하나님이 한솔이가 그대로 좋다는데 내가 싫어하다 찍히면 큰일이니 빨리 회개하는 수 밖에 없다. 나는 하나님께 꿈으로 야단맞아서 너무 감사하다.

하나님이 한솔이에게 "너는 내 사랑하는 딸이라 내가 너를 기뻐하노라." 하고 말씀하시는데, 내가 "너는 내 사랑하고 싶은 딸이나 내가 너를 미워하노라." 했다가는 큰일난다. 그래서 회개했다. 하나님하고 잘 지내고 싶고 한솔이하고 잘 지내고 싶어서 회개했다. 한솔이 성깔을 고치려다 내 성질머리를 고친 사건인데 너무 좋다.

누가 좋고 누가 싫은 저주가 아니라 모두를 좋아하는 복, 어떤 성격은 좋고 어떤 성격은 싫다는 저주가 아니라 모든 성격을 다 좋아하는 복을 누리고 있다. 이 복은 커져가서 다른 형태의 모든 아이들이 다 좋아지는 복을 누리고 있다. 그리고 점점 확대 되어 가는지 다른 형태의 다른 모든 어른들도 점점 더 좋아지고 있다. 누군가를 고치려고 하지 말고 그대로 기뻐하는 것이 내가 해야 할 일임을 알았다. 한솔이와의 관계로 큰 것 하나를 배우고 고쳐가고 있다. 존재를 '그냥 항상 기뻐하기'로 살아가는 것이 서로 사랑하고 함께 행복해지는 길임을 배웠다.

내가 문제에 봉착하고 새로 출발해서 그런지 다른 집에서 나타나는 유사한 모습이 자주 분별된다. 거의 집집마다의 고민이다. 부모도 힘들고 아이도 힘든 상황이다. 꽤 많은 부모가 자녀를 사랑하고 동시에 자녀를 싫어한다. 한편 이해도 되고, 또 다른 한편 안타까워 애가 탄다.

부모가 아무리 사랑하는 행동과 말을 해도 기쁨이 없는 마음은 들키게 되어 있다. 자녀가 어려도 사람은 영적인 존재라 부모의 마음을 다 안다. 어릴수록 자기 보호가 필요해 더 직관적이다. 사랑에 대해서 기쁨에 대해서 다 안다. 부모의 눈빛, 어감, 포옹의 밀착도와 깊이로 다 알고 좋은 사람 나쁜 사람도 자기대로의 기준으로 다 안다. 겉으로 사랑을 표현해도 정말 날 사랑하는지 미워하는지 진실 여부는 아이들에게 다 들키게 되어 있다.

나는 한솔이에 대한 미움을 버리고 기쁨으로 마음을 변화시켜 한솔이를 얻었다. 아이들이 어린 시절 강한 애착으로 나를 좋아할 때 고민한 적이 있다. '애들이 커서도 이렇게 날 좋아할까?'를 생각 해 본적이 있는데 자신이 없었다. 성인이 된 자녀가 좋아서 함께 있고 싶은 부모는 쉬운 일이 아니라는 것을 알기 때문이다.

지금은 그 고민이 없어졌다. 내가 더 괜찮아져서나 훌륭한 인격이 되어서가 아니다. 나는 한솔이를 좋아하고 한솔이는 나를 좋아하기 때문이다. 존경스러운 부모가 되고 싶었던 바람은 없어졌고 같이 있어 좋은 부모가 될 수 있는 방법은 터득했기 때문이다. 바로 내가 '그냥 항상 기뻐하기'를 시작하면 대상도 '그냥 항상 기뻐하기'를 돌려준다는 것을 배웠다. 그리고 이 원리 여러 군데 활용해 내 인생도 더 좋아졌다.

한솔이는 집이 좋다는 중학교 1학년이다. 학교에서 친구들이 뽑은 '착한 어린이상'을 받아오고, 가정통신문에는 '온유한 아이'라는 문구가 자주 등장한다. 우리 가족 전부는 한솔이가 이중생활을 한다고 놀린다. 밖에서는 엄청 착하고 배려심이 깊은데 집에서는 엄청 악독하고 가족에게 이기적이라고 놀린다. 한솔이에게 물었더니 집이 편해서 그런단다. 이것도 괜찮은 것 같다. 그런 아이니까 집에서 돌변하는 우리 딸이 이제는 좋다. 사랑스럽다. 요즘 한솔이는 사춘기가 없는 것처럼 보일 정도로 평안하고 행복해 보인다. 말없이 하고 있을지도 모른다. 그러나 보기에는 상태가 좋아 보인다.

한솔이는 우리나라 모든 집에 존재하는 보통의 우리 딸이다. 그 보통의 우리 딸을 사심 없이 목적 없이 그냥 항상 기뻐하는 것이 행복의 시작이다.

'그냥 항상 기뻐하기'의 세부적인 참고사항

첫째, 자녀의 단점에 주목하지 않는다.

자녀의 장점도 그렇지만 자녀의 단점을 부모만큼 잘 아는 사람은 없다. 부모는 양육의 책임으로 자녀의 단점을 고쳐 주어야 한다고 생각한다. 그러다 보니 아이의 문제점을 주시한다. 자녀의 가능성을 막는 단점을 줄이고 없애고 바꿔 보려고 노력한다. 이 노력은 잔소리라는 형태로 자녀에게 전달된다.

서로가 말하고 받아들이고 바꿀 수만 있다면 얼마나 좋을까? 그런데 그 자녀도 자신이라는 존재에서 새로운 존재로 변화되기가 쉽지 않다. 자녀는 성장기라는 긴 시간을 보내며 성장통을 앓는다. 그 시기를 빨리 단축하려하지 말자. 인격은 자신의 시간에 자신의 필요로 자신이 변화를 원할 때만 변화될 수 있다고 본다. 단점을 자녀의 일로 맡겨 놓고 자녀를 그냥 항상 기뻐하자는 것이다.

"무책임한 것이 아닌가?" 묻는 분에게 가끔 부모는 무책임해져도 되겠더라고 권하고 싶다. 부모가 너무 책임지고 너무 집중하고 너무 집요하기에 자녀와 힘든 관계가 되어버린 것이 아닐까 싶다. 하루 종일 나를 지키는 교도관을 둔 자녀는 힘들 것 같다. 종종 만나 안고 사랑하고 뽀뽀하고, 외롭고 적적해서 누군가 만나고 싶을 때 만나고 싶은 사람이 부모면 되지 않나 싶다. 든든한 마음으로 믿어주고 지켜 봐주는데 날 기뻐하시는 분이면 더 좋을 것이다. 자녀 입장에서 볼 때 열심히 키우느라 안달하고 화내고 강요하는 엄마보다 자녀를 그대로 놓아주고 좋아하는 엄마가 더욱 좋은 엄마라고 본다.

종종 연인 중에 상대에게 감정이 너무 집중되어 있는 사람들이 있다. 처음에는 사랑에 감격할지 모르지만 시간이 지나면 건강한 분리 없이 완전 일치를 원하는 마음에 상대 연인이 피곤해하며 멀어지는 것을 본다. 하루 종일 문자하고 연락하고 만나야 하는 연인이 피곤하듯이 너무 뜨거운 부모도 피곤하다. 관계의 신뢰가 형성된 든든하고 편한, 그래서 같이 있고 싶은 부모를 '그냥 항상 기뻐하기'로 꿈꿔 본다.

'그냥 항상 기뻐하기'의 입장에서 최고 좋은 부모는 푸근하고 따뜻하면서 바쁜 부모이고 제일 나쁜 부모는 똑똑하고 냉정하면서 한가한 부모라고 본다.

둘째, 말과 행동으로 사랑을 표현한다.

스킨십은 사람에게 있어서 생명과도 같다. 인간은 같이 살도록 만들어졌고 사랑을 주고받도록 만들어졌다. 사랑을 교감하지 않으면 무언가가 잘 안되거나 아프거나 메마르거나 죽는다. 사랑의 마음은 말과 행동으로 표현 된다. 포옹과 키스, 눈빛만큼 중요한 것은 없다. 사랑 표현은 마음먹고 한 번이 아니라 수시로 자주 시도 때도 없이 할수록 좋다.

자녀들이 어릴 때는 저절로 되던 이런 표현들이 자녀의 성장과 함께 줄어든다. 적극 권하기는 사랑의 욕구는 나이에 상관이 없다는 것을 말하고 싶다. 나이 먹으니 남편의 포옹이 싫던가? 미우니 싫은 것이지 서로 깊이 사랑할수록 시도 때도 없이 안고 싶고 안기고 싶은 것이 사랑이다. 자녀도 성장기에 어색하지만 마음 속 깊은 곳은 부모의 사랑 표현을 좋아한다. 어색해 할지라도 뻣뻣하게 안겨 좋아한다.

우리 부부는 "사랑한다.", "태어나줘서 고맙다.", "너무 예쁘다.", "우리가 어떻게 이런 아들딸을 낳았나.", "하나님께 감사하다." 기타 등등으로 계속 아이들에게 이야기한다. 17살, 14살, 11살, 6살, 4살 상관없이 우리 부부는 근처에 아이가 지나가면 시도 때도 없이 안고 뽀뽀한다. 어떨 때는 덮쳐 얼굴과 온 몸을 쓰다듬으며 격렬한 스킨십을 퍼붓는다.

한샘이가 초등학교 5, 6학년 때 쯤 내 포옹을 슬쩍 피하려던 적이 있었다. 2차 성징이 시작 될 때라 엄마의 육체가 거북했는지 자신의 육체가 거북했는지 모르지만 포옹을 거부했다. 그 때, 아들들은 이런 건가 하루 고민하고 안 되겠다 싶어서 1인 시위를 했다.

"아기 때 똥오줌 다 갈아주고 이렇게 키워 놨더니 고추에 털 좀 난다고 엄마를 밀어내다니. 밤새 엄마 붙잡고 자서 잠도 제대로 못자고 키워냈더니 이제 엄마와 안지도 않겠다고! 안 돼. 이리 와서 뽀뽀해라."

한샘이가 미안한 얼굴로 다가와 뽀뽀해줬다. 너무 웃긴 건 볼을 기대한 건데 입술에 해줬다. 속으로 대성공을 외치면 대범하게 밀어 붙이자 싶었다. 해서 우리의 포옹과 뽀뽀는 계속되고 있다. 지금은 다 커버린 한샘이가 "한샘이 너무 좋아." 하며 안기는 나를 조금 뒤에 떼내기도 하고, 다리 걸어 쓰러뜨리고 도망가기도 한다. 그러나 한샘이가 싫어하지 않고 좋아한다는 것은 나도 알고 한샘이도 안다.

우리 딸 한솔이도 스킨십을 어색해 하는 성격이지만 좋아한다. 긴 대화를 할 시간은 별로 없다. 간혹 자기가 하고 싶은 이야기가 있을 때 길게 이야기하고 나머지는 지나다니는 잘 모르는 중고생 같다. 하지만 마주칠 때 짧게 포옹과 뽀뽀를 하며 사랑한다고 말하고 헤어진다. 두 놈들 모두 사랑한다는 말에 "네." 대답만 하고 씩 웃는다.

그 밑의 한이, 한비, 한결이는 뽀뽀 찰거머리들이라 떼 내기 힘들다. 해주는 것은 별로 없고 자주 안아준다. 내가 너를 기뻐하고 사랑한다는 것을 말로 몸으로 계속 확인시켜준다.

심리학자이자 작가인 매리언 우드만은 "어머니가 자신의 몸과 충분히 접촉하지 않게 되면, 아이에게 본능을 신뢰하는데 필요한 유대감을 줄 수가 없다. 그 아이는 어머니의 품 안에서 쉴 수 없게 되며, 결국 자기 몸 안에서조차 쉴 수 없게 된다."고 말한다.

한번은 그녀가 인도에 머물렀을 때, 그녀는 이질에 걸려 몇 주 동안 호텔방에서 꼼짝도 못하고 갇혀 있던 적이 있었다. 그러던 중 답답함을 도저히 참을 수 없어서 남편에게 편지를 쓰고 싶은 간절한 마음에 호텔로비에 나왔다. 아무도 없는 긴 소파에 자리를 잡았는데 몸집이 큰 다갈색 피부의 여성이 나타나 바짝 붙어 앉았다. 긴 소파에 바짝 붙어 앉은 대상에게 화도 나고 편지 쓰기에 자세가 불편해 자리를 옮겼다. 그 여성은 매리언 우드만이 옆으로 이동할 때마다 같이 따라 와 꼭 붙어 앉았다. 어느 정도의 시간이 지나고 도망갈 소파 자리가 없을 때 갑자기 상대 여성의 팔이 매우 듬직하고 따뜻하다는 것을 느꼈다. 마른 백인 여성과 다갈색 피부의 건장한 여성은 팔을 맞대고 나란히 앉게 되었고, 언어가 다른 두 사람은 아무 말 없이 한참을 그렇게 있었다. 매리언 우드만은 상대여성의 따뜻하고 듬직한 팔과 존재감에 승복했고, 그 여성 덕분에 긴장이 풀리고 마음이 편해지는 것을 느꼈다.

다음 날도 편지를 쓰려고 내려간 로비에서 다갈색 피부의 여성과 팔을 맞대고 조용히 앉았다. 사흘째, 나흘째에도 그녀가 나타났고 여사의 병세는 호전되어갔다. 일주일 쯤 후 말없이 팔을 맞대고 앉은 두 사람 앞에 한 남자가 다가와 말을 걸어 대화를 나누게 되었다.

"이제 병에서 완전히 회복되신 것 같군요. 내일부터는 집사람이 오지 않을 것입니다."

"부인은 왜 날마다 내 곁에 오셨나요?"

"부인의 상태가 매우 위중하다는 것을 감지했습니다. 그래서 집사람에게 매일 부인 곁에 앉아 있으라고 했습니다. 집사람의 따뜻한 기운이 부인에게 생기를 불어넣어 주리라는 것을 우리가 알고 있었기 때문이죠."

그 부부의 배려와 함축된 메시지의 위대함에 놀란 매리언 우드만은 이렇게 말했다.

"그분의 아내가 저를 살린 겁니다. 일부러 시간을 내서 제 곁에 앉아 제가 그 온기를 받도록 배려해 준 마음. 그것이 바로 관계성입니다."

스킨십은 죽어가는 사람도 살린다. 자녀에게 하는 스킨십은 토양에 양분을 충분히 준비시키는 것처럼 아이들의 마음이 기름지게 한다. 하고, 하고 또 하자.

셋째, 자녀의 수와 상관없이 한명 한명에게 너를 가장 사랑한다고 말한다.

자녀가 부모에게 궁금한 것이 하나 있다. '우리 중 누구를 제일 사랑 하는가'인데 주로 부모님들은 다 똑같이 사랑한다고 대답한다. 그러면 자녀는 자녀수 대비 N분의 1로 나누어진 사랑을 받는 것이 되고 형제자매는 경쟁 대상이 되는 것이다.

아이들은 누구나 아이마다 누구와도 바꿀 수 없는 최고의 사랑을 받아야 한다고 본다. 그리고 이것은 거짓이 아니다. 이 아이를 봐도 제일 예쁘고 저 아이를 봐도 제일 예쁘다. 1개가 몇 등분 되는 것이 아니라 한 아이마다 새로운 사랑이 시작 되어 몇 배로 늘어나는 것이 부모의 마음이다. 한명 한명을 모두 특별히 사랑한다.

나는 이러한 마음을 전달해야 해서 일대일로 아이들과 비밀 데이트를 종종 한다. 동생이 어린이집에 있을 때, 큰 아이가 엄마와 사먹는 자장면 한 그릇의 데이트는 아이에게 엄마를 혼자 다 가진 행복과 엄마가 자신을 제일 사랑한다는 확신을 준다. 기억이 또렷해지는 5살 이후에 한 번씩 아이가 원하는 데이트를 해보기 바란다.

첫째 한샘이는 어린 시절 데이트 시기를 지나고 요즘은 안한다. 따로 만나자면 괜히 긴장하고 싫어한다. 둘째 한솔이는 영화관람을 좋아하고 피자, 치킨, 스파게티, 돈가스, 자장면을 좋아한다. 셋째 한이는 피자, 치킨, 햄버거를 좋아하고 놀이동산 함께 가기를 원한다. 넷째 한비는 자유 수영 후 아이스크림을 먹고 싶어한다. 다섯째 한결이는 기억 못할 때라 1:1 데이트는 아직 없다. 한비와 같은 어린이집을 다니고 있어서 한비에게 들킬까봐서도 못하지만 한결이는 데이트 없이도 항상 제일 사랑 받는다고 믿고 있다. 한비와 공간이 분리되는 기점이 한결이와의 데이트 시작점이 될 것이다. 1:1 데이트로 우리 아이들 마음속에는 자신이 부모에게 가장 사랑받고 있다는 확신이 있다.

아이들이 커가면서 가족 여행을 늘려가고 싶다. 가족 전체도 가고 다른 사람들하고도 가지만 시간되는 자녀만을 택해서 돌아가며 다니고 싶다. 여러 가지 장점이 있는데 비용이 저렴해져서 자주 갈 수 있고 남겨진 자녀 돌보는 문제도 해결된다. 해당 자녀에게는 나만의 특별한 시간도 만들어 줄 수 있어서 좋다.

2017년, 한솔이와 한이는 에버랜드 연간회원권으로 아빠나 삼촌과 데이트를 즐겼다. 아빠와 한솔이만 일본 고모 댁에 다녀오기도 했다. 한솔이, 한이, 아빠 셋이서 긴 추석 황금연휴 바로 직후 저가항공을 이용해 3박 5일 세부 프리 다이빙을 여행하기도 했다. 현지에 가서 셋이 일정 짜고 민간인들과 접촉하며 여행하고 돌아왔다. 멋진 아빠다. 나는 전남 나주에 있는 친정에 갈 때 넷째 한비만 데리고 고속버스 여행을 즐기기도 했다. 한비는 막내 한결이를 집에 두고 여행 갔던 일을 너무 행복해한다. 엄마와 자기 둘만 할머니 댁에 다녀 온 그 시간을 아주 특별한 시간으로 기억한다.

복숭아 속살 같은 내 아기

첫 아이가 태어난 날 우리는 다들 경이로움을 경험한다. 너무나 아름다운 아기를 선물로 받고 기쁨과 감격에 잠을 설친 기억들이 다들 있을 것이다. 아이의 작은 가슴에 혹시나 하며 귀를 갖다 대고 심장 소리를 확인한 기억들이 다들 있을 것이다. 감기에 걸려 열이 오르는 아이를 품에 안고 밤잠을 설치며 애타하던 1주일이 다들 있을 것이다. 처음으로 어린이집 보내는 날 손 내밀며 매달리는 아이를 떼어놓고 나올 때의 시린 가슴이 다들 있을 것이다. 초등학교 입학식 날 가방이랑 신발 옷가지를 미리 장만하고 설레고 두근거리는 마음으로 아이의 손을 잡고 학교 정문을 들어서던 날이 다들 있을 것이다. 어린이집이나 학교의 행사에 내 아이를 찾아 까치발 들던 기억들이 다들 있을 것이다.

이제 그 아이가 여드름이 더덕더덕 나고 조금 툴툴거리고 별로 뛰어나 보이지 않아서 주춤해졌던 사랑의 가슴에 새 불을 지펴보자. 십대 소년 소녀의 사심 없는 짝사랑처럼 가장 순수한 부모의 사랑으로 돌아가 보자. 가슴에 핏덩이를 안고 감격했던 그 감격으로 돌아가 보자. 자녀의 성장과 상관없이 첫 탄생의 경이로움으로 아이들의 각 시기를 지켜볼 수만 있다면 자녀들은 자녀 자신이 받을 사랑을 왜곡됨 없이 충분히 받을 수 있을 것이다. 부모의 사랑은 자녀를 양지 바르고 풍성한 땅에 심은 식물처럼 쑥쑥 자라게 한다.

KBS 스페셜, 다큐멘터리 '앎'편에서는 암 환자들의 다양한 삶과 죽음을 다루고 있다. 암을 통해서 새로이 인생의 앎이 열려 가는 분들의 내용이다. 그 중 '두 엄마' 편에서는 어린 자녀를 둔 30대 엄마 2명의 암투병기와 죽음을 다루었다. 그들의 유일한 꿈은 "자식이 커 가는 것을 볼 수만 있다면 더 바랄 것이 없다." 이다. 두 엄마에게는 자녀와 같이 살아가는 것만이 가장 바라는 일이 되었다. 남은 시간 하루하루 애틋하게 자녀를 사랑했고 두 엄마는 자녀의 손을 놓고 떠나야 했다.

나도 간혹 미디어에 북한, 핵 등의 기타 이야기들이 거론될 때 어미로써 걱정이 된다. 혹시나 하며 잠깐만 상상의 나래를 펼쳐도 그 날 품에 안긴 자녀의 살 내음이 꿀 내음이다. 시끌벅적 떠들고 치워도 끝없는 우리 집이 너무나 좋고 뻔한 맑은 하늘과 날아가는 새도 갑작스레 너무나 고맙다.

알고 보면 오늘의 모든 것이 행복이었던게다. 자녀를 품에 안고 살아가는 그 자체가 행복이고 축복이다. 햇볕의 그림자처럼 사랑의 기쁨이 양육 책임감과 두려움으로 인해 근심 걱정이 되는 것은 슬픈 일이다. 부모와 한 자녀의 만남은 특별한 인연이다. 사랑하기 딱 좋게 만난 사이이다. 이 감격을 한 두 해에 그치는 것이 아닌 평생으로 넓힐 수 있는 방법으로 '그냥 항상 기뻐하기'를 권한다.

단점이나 문제해결, 미래라는 주제에 빠져들지 말고 지금이라고 하는 현재의 오늘, 특별한 날과 특별한 이로 서로를 사랑하며 살아가는 것이다. 그렇게 하면 복숭아 속살 같은 갓 태어난 내 아기를 처음 안고 느꼈던 따스함과 기쁨으로 매일을 살아갈 수 있다.

우리 집 아들, 딸들은 여전히 그 아기들이다.

Chapter 03

솔직하기 - 친구 되기

Let
Them
Be

내가 꿈꾸던 이상적인 좋은 엄마 되기의 실패는 내가 더 솔직해져야
된다는 것을 나에게 가르쳐준 계기가 되었다. 나이가 들어갈수록 솔
직하기가 어려운데다 천성도 그리 솔직하지 않은 내가 한솔이와 새
로운 사랑을 나누기 위해 '솔직하기'를 시작해 갔다. 엄마 자신이 꿈
꾸는 이상적인 엄마보다 살아 숨 쉬는 솔직하고 행복한 엄마가 자녀
와 더욱 잘 교감해 갈 수 있다는 것을 배웠다.

솔직하기가 너무 어렵다.

솔직해지는 것은 쉬운 일이 아니다. 가장 간단한 일인 것 같으면서도 실제로 가장 어려운 일이다. 어린아이에게는 희로애락의 솔직한 감정을 사실대로 표현하는 것이 쉽고 자연스럽다. 그러나 성인이 되어 가면서 개인적인 감정을 표현하기가 어색하고 어려워진다.

긍정적인 감정은 어느 정도 표현 가능하지만 부정적인 감정은 더욱 숨기게 된다. 부정적인 감정표현이 상대에게 상처를 주거나 감추어진 문제를 더욱 키우게 될까봐 피한다. 부정적 감정은 문제 대상 외의 다른 방법으로 선회하여 표현된다. 여가활동, 종교생활, 휴식, 음주 등을 들 수가 있다. 어른은 자기 자신에게도 그리고 인간관계에서도 완전히 솔직해 질 수 만은 없는 비운의 존재이다.

반면 깊이 있는 관계는 솔직하고 정직한 땅에서 자란다. 어른이 될수록 자신을 감추어 가는데 인생의 답들은 솔직하고 단순해질수록 쉽게 떨어진다. 친구도 싸우는 과정을 거치면서 친해진다. 참된 부부도 못난 모습을 보면서 부부가 된다. 어려운 문제를 어렵게 풀지 말고 쉽게 풀어 가려면 어린아이 같은 마음이 필요하다.

나는 솔직한 사람이 아니다. 예민하지만 인내심과 자기절제가 강한 기질로 다른 사람에게 도움을 주면서 칭찬 듣고 싶어 하는 사람이다. 나를 위한 요구나 욕구가 적고 다른 사람의 요구를 잘 들어 주는 사람이다. 다른 사람의 필요에 반응하고 나의 필요에 덜 반응하는 덜 솔직한 사람이다. 쉬운 말로는 다른 사람에게 잘 보이고 싶어 마음을 감추는 엉큼한 사람이다. 그렇기에 나이가 먹어 갈수록 모든 관계가 어려워지기 시작했다.

사람을 만날 때 첫 만남에게 느끼던 강한 호기심, 호감, 즐거움은 줄어갔다. 남에게 실수하지 않고 찍히지 않고 잘 지내려고 했다. 영혼을 반짝거리게 하는 떨리는 대화도 별로 없고 내 고민도 너의 고민도 다 거기에서 거기인 인생이 되어가고 있었다. 인간이기에 함께 고민하고 함께 측은해하던 공감도 줄었다. 속마음을 드러내지 않고 완전히 믿으려고도 하지 않았다.

실수하지 않는 좋은 사람이고 싶던 내가 결혼생활과 자녀양육을 하니 실패는 당연한 것이었다. 예전에는 내 노력에 비해 인생의 여러 분야가 덜 행복하고 덜 풀린다고 느꼈다. 답이 아니니 당연한 것이었다. 나는 그대로 있고 나머지 상황들이 변화되어 저절로 답이 되길 바란 것이었다.

둘째이자 첫째 딸 한솔이와 나의 관계에서 나는 좋은 엄마 연기를 했다. 한솔이가 좋은 딸이 되는 시나리오가 완성되었다면 나는 그대로 살아갔을 것이다. 내 입장에서는 나는 좋은 엄마인데 우리 딸은 나쁜 딸이라서 힘들었다. 좋은 엄마 연기는 이런 것들이다.

1. 욕구를 알고 요구를 잘 들어 주는 엄마
2. 늘 칭찬하고 격려하는 엄마
3. 감정적으로 화내지 않고 교양 있는 말투로 바르고 예쁘게 말하는 엄마

4. 사랑한다고 표현하고 스킨십 잘하는 엄마
5. 꿈을 찾는데 함께하고 성적이나 기타의 것들로 다른 아이와 비교하지 않는 엄마

이런 엄마를 꿈꾸며 흉내 내봤지만, 한솔이가 8살 되던 해에 나와 첫째 한샘이는 한솔이를 미워하게 되었다. 6년 11개월을 사랑하고 마지막 달에 미워한 것이 아니라 7년 동안 점점 싫어해오다 한솔이를 싫어한다는 사실을 결론적으로 인정하게 된 것이다. 좋은 엄마 프로젝트가 망한 것이다.

망했다고 최종 결정을 내리기 전에 일부러 더욱 노력을 해보았다. 좋은 엄마 연기에 더 몰입한 것이다. 더 큰 노력 이후 한솔이에 대한 미움만 더 커졌다. 여전히 돌아오는 감정은 한솔이가 싫다는 것이었다. 더 이상 노력이 통하지 않는다는 걸 알고 연기는 그만 둘 수밖에 없었다. 맞불작전처럼 큰 싸움을 결정하게 되었다. 결정한 내용은 '솔직하기'였다.

속으로는 한솔이를 싫어하면서 겉으로는 사랑하는 척한다면 두 감정의 괴리에서 해결점을 찾을 수가 없을 것 같았다. 한솔이도 혼란스럽게 만들 것 같았다. 엄마의 사랑이 진심이 아니고 묘하면서도 세련된 거짓 연기라면 한솔이가 사랑을 경험할 수 없을 것은 자명한 일이었다. 사랑 받지 못한 사람은 사랑을 느끼고 표현할 수 없다.

속과 겉이 동일해지는 사랑을 하고 싶어서 선택한 것이 솔직해지는 것이었다. 겉으로 만들어 놓은 사랑의 표현보다 내 마음속 사랑이 더 작으니 진실하게 출발해야 했다. 난 정말 한솔이를 사랑하고 싶으

니 이제 내 수준 그대로의 나로 살 수 밖에 없었다.

한솔이는 영특한 아이라 전후좌우를 설명해주니 잘 이해했다. 한솔이를 힘들어하는 것은 엄마가 한솔이를 덜 사랑하는 것이니 미안하다고 용서를 구했다. 한솔이는 용서해 주었다. 이것은 시작이고 엄마는 이제 한솔이에게 솔직하게 엄마 마음을 표현해 가겠다고 말했다. 나쁜 엄마가 되겠다고 했다. 딸을 미워하는 엄마는 나쁜 엄마고 엄마 속의 미움을 감추지 않겠다고 했다. 감정을 누르고 나중에 설명하는 구조가 아니라 감정이 일면 바로 표현해 부딪혀 해결해 가자고 했다. 모든 문제는 엄마 때문이고 한솔이를 한솔이 있는 그대로 사랑해가고 싶다고 말했다. 엄마가 솔직해져야 너와 나의 관계가 진짜라는 것을 알았다고 말했다. 엄마를 기다려 달라고 부탁했다.

한솔이가 다 이해했는지 지금도 잘 모르겠다. 8살이라 아마 기억도 제대로 나지 않을 수 있다. 그래도 나는 한솔이를 사랑하고 싶어서 '솔직하기'를 시작하지 않을 수 없었다. 한솔이를 사랑하기 위해 내가 가장 싫어하는 일을 시작한 것이다. 감정을 억제하는 것으로 최고봉인 내가 솔직해 진다는 것은 부끄럽고 싫은 일이다. 화를 표출하고 미워하는 감정을 드러내는 것이 정말 싫었지만 사랑을 위해 꼭 거쳐야 되는 일이었다.

좋은 엄마보다 현실 속
솔직한 엄마로 돌아와 맛본 자유

한솔이와 나머지 아이들까지 나쁜 엄마 김혜정을 버티며 6년의 세월을 보냈다. 집안에 모진 풍파가 지나간 것 같다. 한솔이가 중심에 있긴 하지만 이 모든 일은 아이들 모두와의 일이었다. 결혼 12년쯤 된 시기였다. 한샘, 한솔, 한이, 한비를 키울 때이다. 좋은 엄마는 없다. 내가 느낀 희로애락을 설명이 아닌 감정으로 표현했다. 새로운 나, 새로운 관계형태였기에 힘든 시간이었다.

나의 친정어머니는 슬픈 내색이나 힘든 내색을 하시지 않는 분이다. 친정어머니의 천성과 인성의 배경에서 자라 나이가 먹어가는 내가 정반대의 나로 살아간 것이다. 즐거우면 즐겁다고 표현하고 싫으면 싫다고 표현했다. 부정적인 감정을 느껴도 혼자 바로 억제 하던 내가 대상과 함께 느낀 것을 표현했다. 아이들도 힘들었을 것이다. 하지만, 긴 세월이 지나 우리는 열매를 맛보고 있다.

지금 고등학교 1학년인 한샘이, 중학교 1학년인 한솔이, 초등학교 4학년인 한이는 나와 행복해졌다. 계속 더 행복해지고 있다. 한비와 한결이 그리고, 우리 남편도 그 덕을 본다. 교양 있는 서울 엄마 흉내를 버리고 시골 출신의 소박하고 다소 혈기 있는 정감 있는 엄마 김혜정으로 살고 있다. 내 몸에 딱 맞는 자리에서 편하게 살고 있다. 남의 자리에서 남의 흉내 내기를 포기하고 내 자리에서 살고 있다. 옆집 엄마는 아이를 어떻게 키울까 관심이 없고 내 마음의 소리가 울리는 대로 키우고 있다.

갓 낳은 아기가 부서질 것 같아 조심조심 안는 초보엄마들에게 간호사들이 가르쳐 주는 것이 있다. 아기에게 몸을 기울여 맞추지 말고 내 몸에 애를 붙이라고 한다. 그래야 담 걸리지 않고 편하고 오래 안을 수 있다고 알려준다. 아기에게 나를 맞추는 것이 아니라 나에게 아기를 맞추는 것이다.

좋은 딸, 아내, 친구, 크리스천, 엄마, 사역자 등 내게 주어진 것들을 잘해내서 좋은 사람이 되어 보려다가 망했다. 내가 좋지도 않고 잘할 수도 없다는 것을 알고 난 다음에 갇혀있던 나에게 자유가 찾아왔다.

나쁜 감정들을 억제하고 누르면 그 감정들이 줄어들고 잊혀 진 듯 보인다. 하지만 부풀었던 풍선에서 바람이 빠지고 풍선 크기는 작아져도 반복되는 긴장을 경험하며 얇아진 풍선은 조금만 바람을 넣어도 크게 부풀고 이내 터지기 쉽다. 해결되지 않은 억제된 감정들은 별 일이 없는 상황에서도 스스로 긴장의 상태를 갖게 한다. 마음속에 다년간 모여 있다가 감정이 살짝만 건드려져도 과한 감정 폭발을 한다.

또한 감정은 억제를 통해 통제 경보를 깔아 놓았기 때문에 나쁜 감정만 억제 되는 것이 아니라 좋은 감정도 억제 된다. 자연스럽고 부드러운 마음들이 사라지고 무감각 해진다.

나는 좋은 엄마라는 높은 목표를 설정하고 도달하지 못해 난관에 봉착했었다. 한솔이를 향한 상한 감정이 쌓였고 억제를 통해 숨겨 왔지만 이제 겉과 속의 괴리로 실패가 드러났다. 나대로의 나를 솔직하게 드러낼 용기가 필요했다. 현재의 나로 솔직하게 관계해야 된다는 것을 배운 시간이었다. 나에게 있어서 내 자식인 한솔이를 기뻐하지 않는 다는 것은 너무나 부끄러워 감추어야 할 비밀 이야기였다.

다른 사람은 종종 만나니 속일 수 있을지 모르지만 가족은 속일 수 없다. 때로는 배우자까지 속여도 자녀는 못 속이는 것 같다. 그래서 나를 찾아가라고 가족이 있나 보다.

자식도 이 정도인데 남이야 얼마나 미워하겠는가. 이제는 내가 누군가를 미워한다는 사실이 부끄럽지 않다. 바로 인정하고 새로 시작한다. 상대와 함께 솔직히 관계해 가기를 시작한다. 최종목표는 사랑이고 미움이라는 징검다리를 첫 발로 디딘다. 한솔이 덕분에 미움으로 출발한 징검다리를 사랑으로 들어와 본 적이 있어서 나는 대범해지고 있다.

집 전체에 퍼진 감정 폭발의 위력

우리 집 분위기는 예전과 또 달라졌다. 난 좋은 엄마보다 행복한 엄마가 되기 위해 위험한 경계를 넘었고 용감해졌다. 다 괜찮다. 예전에는 아이들 싸움을 조절할 때 "싸우면 안 돼요."를 시작으로 5분 정도의 정돈된 서울 엄마 말씨로 설명했다면 이제는 시골 엄마 말씨로 "야, 그만 싸워." 하면 싸움판은 끝나 있다. 아이 키우기가 쉽다. 예쁘면 예쁘다고 쪽쪽 빨면 되고 미우면 밉다고 야단치면 된다.

한솔이 경험 이래로 그 밑에 아이들이 얼마나 잘 크는지 감탄할 정도다. 아이들에게는 딱딱하고 억제된 헌신적인 엄마대신 살아 숨쉬는 행복한 엄마가 생긴 것이다. 우리 집은 난장판으로 뽀뽀하고 예뻐하고 뒹굴다가 말 안 듣고 고집 피우면 엄마가 괴성을 지른다. 아이들이 잘못했다고 고백한 다음에는 다시 뽀뽀하고 예뻐하고 뒹군다.

나는 좋은 엄마일 필요가 없고 솔직해져서 자신의 행복을 찾아가는 엄마이면 되었던 것이다. 살아있는 현실적인 사람이면 된다. 그 덕분에 기타 나머지 인간관계도 좋아졌다. 좋은 사람일 필요 없이 어린 아이처럼 솔직하게 싸운 뒤 화해하면 되는 것이다. 내가 행복하듯 대상의 행복을 원해주면 되는 것이다.

물론 솔직하다보면 문제도 발생한다. 그 문제를 뚫고 가야 한다. 좋은 소리만 들을 수는 없는 것이고 미움 받으면 미움도 받는 것이다. 너무 잘하려하기보다 자연스럽게 자기를 표현하는 것이 좋다.

엄마여서 너무 좋다. 우리 애들이 너무 좋다. 이 녀석들 아니었으면 나는 절대 방귀도 안 뀌는 꼬장꼬장한 좋은 사람 연기 대상이었다. 물론 이 상도 내가 주고 내가 받는 것이다. 자녀에게 배운다. 자녀가 스승이 되어 나의 인생길을 이끌어 준다. 눅눅해지던 내 마음에 햇살을 비춰준다. 누군가의 좋은 가면이 벗어지고 다 어린아이로 함께 웃고 울었으면 좋겠다는 심정을 나누는 것이 내가 배운 사랑이다.

자녀 입장에서 조금만 상상을 해 본다면, 좋은 말씨에 차가운 눈의 엄마보다 엄마의 마음이 눈과 말에 동일하게 비춰지고 그 흑백 안에서 자신의 행동을 어떻게 해야할지 결정하게 하는 것이 맞는 거 같다. 좋은 엄마는 많이 참고 기다리기 때문에 잦지는 않지만 인내의 한계 지점에 도착하면 화를 내거나 차가워지게 되어 있다. 너무 좋은 엄마가 갑자기 냉정하게 돌변하는 것은 아이 입장에서 몹시 당황스러운 일이다.

이런 경험들은 자녀에게 상처가 되고 엄마의 사랑에 불안감을 느끼게 한다. 아이는 전체를 이해하고 있지 않기 때문에 엄마가 어느 때 어떤 일로 화가 나는지 잘 모른다. 너무 좋다가 너무 나빠지는 엄마가 무섭고 불안해진다. 엄마도 아이의 포옹 요구에 응하지 못하고 차갑게 밀쳐내는 자신이 싫어지면서 힘든 시간을 겪는다. 엄마도 억제된 감정 때문에 행복지수가 낮고 화를 표출한 자신을 싫어한다. 또한 자녀가 불안해하는 것을 보고 죄책감을 느낀다.

자녀와 함께 살아가는 방법은 엄마와 자녀가 솔직하게 매 순간의 감정을 표현하고 반응해 가는 것이다. 자녀는 항상 내 엄마와 사랑하고 싶은 욕구로 충만하다. 엄마와의 관계에서 자신을 표현하며 사랑해 가는 방법을 배운 자녀는 자연스럽게 다른 인간관계에서도 자신의 감정을 표현하며 함께 사랑하는 방법을 배운다.

사랑해야하는 가족이 사랑하는 방법을 배우지 못해 상처를 주고받는다. 열심히 노력하고도 서로를 덜 사랑하고 덜 믿는다. 서로 사랑하려고 애쓰지만 속마음은 멀어져가기도 하고 그리워하고 불쌍해 하지만 같이 있으면 답답하고 싫어진다. 본인의 말을 듣지 않는다며 화가 나 있고 대화가 되지 않는다고 답답해한다. 정말 사랑하고 싶은데 방법을 모른다.

많은 사람들이 내적치유 시간에 고백하는 상처의 장본인들은 거의 대부분 부모님이다. 엄마와 아빠를 빼고 나면 상처를 준 사람이 그다지 많지가 않다. 애정의 주인공도 엄마와 아빠고 증오의 주인공도 엄마와 아빠다. 이 정도면 모든 부모는 스스로를 상처의 범인으로 의심해 보기에 충분하다.

자녀를 괴로워하는 부모든 부모를 괴로워하는 자녀든 너무 소중하고 사랑하기에 더 괴롭다. 연인들의 비련은 "이 산이 아닌 가벼." 하고 마치면 되지만 혈연의 가족은 사랑의 완성으로만 관계가 만족된다. 그래서 가족을 통해 배운다.

착한 딸 그만 두고 솔직해진 덕선이

tvN 드라마 '응답하라 1988'에서 시청자의 심금을 울린 장면이 있었다. 언니 보라와 생일이 3일 간격이라 늘 언니의 케익을 재활용해 생일 파티를 치르는 둘째 딸 덕선이가 자신의 설움을 토로하는 장면이다. 아빠, 엄마, 큰 언니 보라, 남동생 노을이에게 울며불며 토설하는 장면이다.

"그만해. 진짜 내가 얘기했잖아. 언니랑 같이 안한다고 내가 얘기했잖아. 왜 맨 날 내 말은 안 듣는데, 내가 언니랑 생일하기 싫다고 엄마랑 아빠한테 얘기 했잖아."

"올해만 같이하고 내년부터 따로 해 줄게."

"작년에도 그랬잖아. 재작년에도. 왜 맨 날 나한테만 그래? 내가 만만해? 난 뭐 아무렇게나 해도 되는 사람이야? 왜 나만 계란프라이 안 해줘? 내가 계란프라이 얼마나 좋아하는데 맨 날 나만 콩자반 주고 나도 콩자반 싫어하거든. 그리고 왜 노을이만 월드콘 사줘? 통닭도 아저씨가 나 먹으라고 준 건데 닭다리는 언니랑 노을이한테만 주고 나만 날개 주고 나도 닭다리 먹을 줄 알거든"

"덕선아."

"왜 나만 덕선이야. 왜 나만 덕선이냐고? 언니는 보라고 얘는 노을인데 왜 나만 성덕선이야. 왜 내 이름만 덕선이냐고. 악!"

덕선이는 울며 집을 뛰쳐나갔다. 3일 후 덕선의 생일 날 하교길에 마중 나와 있던 아빠와 단 둘만의 생일 파티를 한다. 깜짝 생일 케이크를 준비한 아빠가 슈퍼 앞 평상에서 덕선에게 하는 말이다.

"짜잔. 우리 덕선이 생일 축하한다. 오미 그나저나 벌써 초가 18개여. 우리 딸이 언제 이렇게 커버렸을까. 아빠 엄마가 미안허다. 잘 몰라서 그래. 첫째 딸은 어뜨케 갈치고 둘째는 어뜨케 키우고 막둥이는 오뜨케 사람 만들어야 될지 몰라서. 늬 아빠도 태어날 때부터 아빠가 아니자네. 아빠도 아빠가 처음 잉께. 긍께, 우리 딸이 쪼까 봐줘. 우리 딸내미 예쁘게 잘 컸다. 언제 이렇게 예쁜 아가씨가 다 돼 갖고 텔레비전에 나오고 예쁘게 화장도 하고. 그나저나 우리 덕선이 시집가면 아버지 서러워서 오뜨케 살까?"

덕선이도 가족을 행복하게 해 주려고 참았을 것이다. 언니와 같이 케이크 불 켜고 콩자반도 먹고 계란프라이 달라 때 부리지 않고 닭다리도 양보했지만 마음이 아픈 것이다. 내가 원하는 일이 아닌 것이다. 자신의 마음이 아파져서 이제 그만 하겠다고 말하는 것이다. 덕선이는 아빠 엄마에게 아픈 마음을 드러내고 사랑해 달라고 외친 것이다.

사랑하려다 실수도 하고 상처도 주지만 덕선이와 아빠처럼 다시 시작해 간다면 우리는 점점 더 행복질 것이다. 아빠도 덕선이의 상처를 안 후 사과하며 사랑을 표현한다. 아픈 마음을 내 보이는 것도 사과하는 것도 용서하는 것도 사랑하기 때문에 가능하다.

모든 부모는 누군가의 자녀이다가 부모가 되었고 자식을 처음 키운다. 부모도 자신의 나이를 처음 살고 자식의 성장에 따른 변화도 처음 경험한다. 부모가 된 이후의 문제들이 모두 다 처음 경험하는 것들이다. 처음 부모로 살아보니 실수할 수밖에 없다.

드라마 내용에서는 덕선이의 아픈 마음이 쏟아지고 아빠는 사과를 했다. 나는 바라기는 부모도 자신의 감정에 솔직해지면 좋겠다. 덕선이가 의젓하고 씩씩한 착한 딸 노릇 그만두고 아픔을 드러내는 것처럼 부모도 자신의 감정에 솔직해져야 한다. 훌륭한 부모보다 행복한 부모가 되어야 한다. 부모 스스로 더 나은 존재이길 원하지만 부족한 자기를 사실대로 내보인다면 자녀와 친구가 될 수 있다. 살아 있는 감정이 교류되어지기 때문이다. 부모가 솔직해지면 자녀도 자신의 감정을 드러내며 친밀해진다.

사람은 완벽하고 빈틈이 없는 존재를 어려워한다. 누군가가 자신의 부족함을 드러내면 나도 자신의 부족함을 감추지 않고 편하게 드러낸다. 자녀에게는 실수 하지 않는 완벽한 부모가 필요한 것이 아니다. 자녀는 부모가 자신의 문제를 어떻게 해결해 가는지를 주시한다.

어린 시절 가장 싫었던 기억은 어른들이 자신의 실수를 덮고 넘어갈 때였다. 오해를 바로 잡지 않고 건드리지 못하게 할 때였다. 어른이 한 실수보다 그 실수를 덮으려고 억지를 부릴 때가 함께 하기 어렵다는 실망을 안겨줬다.

어른이 된 내가 이것들을 잊어버리고 실수하지 않으려고 애썼다. 좋은 엄마로 남으려는 시도를 끊임없이 했다. 어린아이 때로 돌아가 다시 생각할 시간이다. 사랑을 위해서 나라는 존재에 솔직해 지는 것, 대상에게 정직해 지는 것, 그것이 내가 한솔이를 친구로 얻게 된 방법이다.

'솔직하기'의 세부적인 참고사항

첫째, 이상적인 부모의 상이 아니라 현재의 나 자신에게 솔직해 지자.

현재를 살아가는 엄마는 완성된 존재가 아니다. 꼭 훌륭할 필요도 착할 필요도 없다. 한 존재가 살아가다 아내가 되어 역할을 부여 받고 시간을 들여 점점 엄마가 되어 가는 것이다. 가족과 이웃에게 좋은 엄마로 보이려 노력하지 말자. 솔직하고 살아 숨 쉬는 엄마가 아니라 이상 속, 꿈 속 엄마라면 현실 불가능한 존재이니 화석 같은 관계가 형성된다. 거짓된 관계가 형성된다.

이상적인 좋은 엄마 보다 현재의 엄마로 시작하자는 말이다. 옆 집 엄마를 보고 흉내 내지도 말자. 영화나 책 속 인물을 흉내 내지도 말자. 현 시점의 내 모습 그대로 관계해 가자는 말이다. 살아 숨 쉬는 생동감 있는 엄마가 자녀와 살아가는 이야기를 써 가자는 것이다. 엄마의 역사, 감정, 기호도, 특성이 그대로 배어 있는 우리 집만의 가정교육이 되어야 한다.

최근에 한 어린이 친구가 질문을 했다. "우리 엄마는 나와 단 둘이 있을 때와 사람들과 있을 때가 달라요. 사람들이 있으면 더 잘해주세요. 이모는 어때요?" 이 질문이 무슨 의미인지 모든 엄마들은 다 안다. 애들은 사람들을 의식한 엄마의 행동변화를 알고 있다. 그냥 같아지자. "나는 똑같은데. 지금 네가 있는데도 소리 지르고 야단치잖아." 라고 대답해줬다.

둘째, 기질에 반해도 시도한다.

안 해 본 일이라 어색하고 힘들어서 안하고 싶을 때도 있을 수 있다. 자녀를 심하게 미워하는 것이 아니고 숨겨진 미움인지라 마음 한편을 누르고 잘 지내고 싶어진다. 나 또한 그랬다. 한솔이가 죽도록 미웠다는 것이 아니라 사랑해야 할 내 딸에게 종종 느껴지는 싫은 마음이었다.

평상시에 자신의 감정에 충실하고 잘 표현하는 엄마들보다 잘 참는 엄마들의 감추어진 분노가 더 크다. 다른 엄마들이 풀썩풀썩 화낼 내용을 참으며 인내했기에 분노 수치가 더 높다. 감정표현이 약하고 자기 억제가 강한 기질일수록 더욱 시도해 볼 만한 일이다. 자신도 찾아가고 자녀도 얻는 일이다. 화석이 아닌 살아 숨 쉬는 존재가 되기 위해 거쳐야 할 일이다.

너무 좋은 엄마가 딸과 껄끄러운 감정이 있어서 나의 응원에 힘입어 '솔직하기'를 시작한 적이 있다. 부부 마찰로 힘들어 자신의 행복을 포기하고 딸만을 위해 가정을 지켜내던 분이다. 딸을 단아하게 잘 키우는 분이다. 그런데 딸이 갈수록 점점 미워진다며 힘들어하셨다.

양육의 내용도 복잡해지고 학습량도 늘어나니 엄마가 할 일들은 많은데 비교육적인 아빠의 품으로 도망가고 엄마를 밀어내는 모습도 얄밉기 시작하더란다. 그래서 한 번 화가 나면 냉정해지고 밀어내다

보니 딸은 딸대로 엄마를 좋아하지만 무서워하게 되었다.

나와 한솔이와의 이야기에 용기를 얻어 딸과 '솔직하기'를 시작해 보기로 결정했다. 딸이 착하고 대화가 잘 되는 편이다. 엄마 말을 따르지 않고 아빠에게 도망가는 딸의 모습이 싫다고 설명했다. 엄마의 결혼생활에서 딸인 너와의 사이가 나쁘다면 엄마는 너무 힘들다고 말했다. 그리고 엄마가 앞으로 감정을 표현하며 너랑 관계하겠다. 엄마의 마음은 이 과정을 통과하고 너를 더욱 사랑하고 싶다고 고백했다.

그 이후에 딸과의 관계에서 느껴지는 감정을 그대로 표현해 갔다. 화를 내고 욕도 하고 등짝도 때렸다. 2주 정도 후에 화를 내보니 더 화가 올라온다며 포기하기를 원하셨다. 나는 쌓인 분노가 많기 때문이고 그대로 둔다면 시간이 갈수록 딸을 차갑게 싫어하는 엄마로 변해가니 계속 해보자고 조언했다.

용기를 내어 2주 정도를 더 시도했고 대략 한 달 안에 딸은 딸대로 엄마의 뜨거운 감정과 차가운 감정을 알게 되었다. 엄마도 억제된 분노를 표현하니 좋은 감정이 빨리 회복되면서 진심으로 안아지더란다. 한 달 쯤 뒤에는 놀라운 일이 벌어졌다. 아주 어릴 때 그냥 예쁘던 것처럼 그냥 예쁘더란다. 딸이 해 달라는 포옹을 대략 짧게 하던 분이 이제는 꼭 껴안아 주며 자주 자주 진심으로 안아주고 사랑한다고 고백하게 되었다고 하셨다. 좋은 엄마가 되려고 걸려든 자기억제라는 늪에서 자유로워진 것이다. 딸도 엄마를 너무 좋아해 두 사람의 관계는 어디에서도 볼 수 없는 친밀한 관계가 되었다. 사춘기도 없이 친구가 될 수 있는 길에 들어선 것이다.

모녀관계의 문제 해결을 위해 도우며 나 또한 너무나 행복했다. 나의 삶에 겪은 문제가 누군가의 문제를 해결하는데 도움이 되니 참으로 좋았다. 나는 종종 엄마가 자녀를 싫어하면서 참아내고 있는 모습을 보면 슬프다. 자녀가 엄마를 좋아하면서 싫어하면 더욱 슬프다.

엄마는 억울하고 자녀는 혼란스러운 거 같다. 애증이라고 하는 이중적인 감정을 가장 사랑하는 관계에서 느끼게 되니 그 외의 모든 인간관계가 힘들다. 부모를 통해 누군가와 마음을 열고 사랑하기, 기다리기, 문제를 보고 다시 시도하기, 사랑의 행복을 누리기 등을 배운다면 자녀는 진정으로 행복하게 잘 살아갈 것이다.

셋째, '솔직하기'로 열린 부모마음을 자녀에게 강요하지 않는다.

내가 마음을 열었으니 너도 마음을 열라고 요구할 수 없다. 나도 이러니 너도 이래라가 아니다. 자녀는 스스로 하고 싶을 때 하는 것이고 하기 싫으면 하지 않는 것이다. 자녀 자신의 선택에 의해 교제하는 것이다. 갑작스레 햄버거를 사주며 대화를 강요하는 것은 안 사주는 것 보다 못한 것이다. 나도 너에게 다가 가려고 하니 너도 다가오라는 것은 강요이지 사랑이 아니다. 솔직해지고 마음을 여는 것은 오랜 시간이 걸리는 일이고 결과도 불확실하다. 하지만, 분명한 것은 서로간에 자연스러워지고 편안해진다. 그러다 보면 관계가 더욱 행복해진다.

부모를 신뢰하지 못하는 자녀의 거부를 기다려 줄 수 있어야 한다. 아빠가 매년 초에 담배 끊겠다고 가위로 담배를 잘라도 우리는 믿지 않았던 때와 같다. 아이들도 지켜본다. 엄마가 교육서적 하나 보고 나면 잠시 부드러워졌던 그 한 달의 '연기인가?', '진심인가?' 어려도 다 안다. 나름의 경험과 지혜를 통해 데이터가 축적되어 있고 판단력도 있다.

인격 대 인격이라 쉽지 않은 것이다. 그러나 인격이라 서로의 소통이 시작되면 쾌감이 온다. 서로를 좋아하고 서로의 품속을 좋아한다. 자연스럽고 행복해진다. 앞에 뿌려진 실패의 가라지를 거두어들이려면 시간이 소요된다. 욕심 부리지 말고 부모만 바뀌어 가면 된다. 자녀는 어리기에 우리보다 회복이 빠르다. 가능하다.

문제는 축복의 시작

가족관계는 최선을 다하고도 늘 문제가 발생되는 곳이다. 진실해지지 않고는 사귈 수 없는 친구와 살기에 그런가보다. 내 인생의 문제들은 나 자신을 솔직히 내보이기보다 이상적인 나라는 잣대에 나를 집어넣어 갖가지의 역할들을 완수하려한 나의 욕심이 빚어낸 결과물들이었다. 나라는 존재를 느끼지도 사랑할 줄도 모르고 표현할 줄도 모르는 나의 문제들이었다. 그 문제들이 가족이라는 관계를 통해 드러난 것이다.

결혼 전 사회적인 관계들 속에서는 드러나지 않던 문제들이 가족이라는 관계에서는 확연히 드러나게 된다. 원가정의 부모님과 원만했다 해도 현 시점에 부모가 되어 자녀와의 관계에 길을 못 찾을 수도 있다. 가족관계의 공간은 겉으로 드러난 나보다 속에 감추어진 내가 드러나는 공간이다. 어색하고 힘들지라도 자신의 속사람을 꺼내기 시작한다면 아이의 깊은 곳과 맞닿는 길이 만들어져 갈 것이라고 확신한다.

또한, 세대와 정서가 빨리 바뀌고 있는 과도기의 삶이라 더욱 그런 것 같다. 조선 역사 500년 동안의 세대 정서와 가족 관계는 앞 세대와 별반 다르지 않았을 것이다. 지금의 우리는 아주 빠른 속도로 변화되어지는 시대에 살고 있어서 더욱 힘든 일이 되었다.

하지만 사랑하기에 가능한 일이다. 살아 있는 솔직한 나의 모습 그대로 같이 사랑할 수 있다. 부모의 단점이 제거되거나 감춰져야 가능한 것이 아니다. 도리어 어린아이 같은 순수한 마음으로 문제를 바라보고 시도해 간다면 모든 것이 가능하다. 문제를 직면하지 않거나 비난 일색의 닫힌 자세만 아니라면 충분히 가능하다.

문제를 두려워 말라. 자녀와의 관계에서 너무나 감사할 일은 현 시점이 어떠하든지 자녀는 항상 부모의 사랑을 원한다는 것이다. 자녀는 부모를 사랑하기에 충분히 용서할 부드러운 마음이 있다. 자녀와의 관계에서 파생되는 문제들을 덮거나 무시하지만 않는다면 분명히 해결되어 갈 것이라고 본다. 또한, 자녀는 월등히 뛰어난 부모를 바라는 것이 아니다. 단지 살아 숨 쉬는 솔직하고 진실한 사람을 원한다.

관계회복 시간은 자녀가 어릴수록 빨라질 것이다. 자녀가 성장해 갈수록 그에 대비하여 좀 더 시간이 소요될 수 있다. 하지만 자녀의 인격은 부모님의 변화를 감지하고 기다릴 것이다. '진실한가?' 자녀들은 시간의 시험을 거치고 사건 몇 가지의 시험을 거친 다음에 인정한다.

'엄마, 아빠가 변했다. 왠지 같이 있고 싶다. 왠지 대화가 된다.'

그러면 됐다.

Chapter 04

대신 꿈꾸지 않기, 대신 살아주지 않기

Let
Them
Be

자녀를 사랑하는 부모는 가장 좋은 것을 주고 싶다. 그러다보니 자녀가 경험해 갈 위험요소나 실패를 제거하고 싶은 마음이 있다. 어린 시절의 보호가 성장기까지 지속되기도 하고 인생을 설계의 주체가 부모가 되기도 한다. 자녀가 살아가야할 인생을 스스로 겪어보게 하고 원하는 것을 찾아가게 하는 것은 자녀의 전 생애를 볼 때 너무나 중요한 일이다.

너무 소중해서 생기는 일들

　예전에는 청혼을 하며 주로 손에 물 한 방울 안 묻히게 해 주겠다는 말을 많이 했다. 우스갯말로 고무장갑이 이를 완성했다는 말도 있다. 비슷한 예전 말로 가난한 인생의 목표가 '쌀밥에 고깃국 먹기'였다면 요즘 부모가 자녀에게 해 주고 싶은 목표는 '비단신 신고 꽃길을 걷게 하기'가 아닐까 생각한다.

　가장 좋은 것을 해 주고 싶은 마음이 부모의 마음이다. 부모가 되면 나만 보고 살던 인생이 다른 누군가를 위하고 나보다 더 잘 되기를 진심으로 바라게 된다. 다 주어도 아깝지 않은 자녀들이 건강하고 예쁘고 영특하게 태어나서 인생을 어려움 없이 힘들이지 않고 살아가길 바란다. 유독 이러한 측은지심이 자녀에게 발생되도록 만남도 독특한 상황에서 시작된다. 성인과 성인으로의 만남이 아닌, 성인과 갓 태어난 어린 생명체와의 만남이 그 이유 중 하나이고 또 하나의 이유는 부모의 유전자를 사용한 나의 분신이라는 점이다.

　자녀가 미완성된 생명체이자 인격이라는 점은 강한 모성본능을 유발한다. 내가 없으면 죽는 존재인 것이다. 연인들의 너 없으면 죽겠다는 것이 다 거짓부렁일지라도 이 아이에게는 진짜다. 나 없으면 죽는 것이다. 몰입하고 헌신하고 나를 다 내어주니 또 다시 더욱 소중해 지는 것이다. 몸이 발달하고 마음이 커가며 하나하나 변해가는 모습도 신비롭다. 매일의 삶이 같은 존재가 아닌 변해가고 성장해 가는 한 인간을 키워낸다는 것은 행복한 일이다. 한 존재가 내 존재를 삼키고도 남을 이유가 충분하다.

더불어 자녀는 부모 유전자의 기적적인 배합을 통해 만들어진 생명이다. 얼굴도 닮고 성격도 닮는다. 내가 또 다른 생명으로 부활한 듯 너무나 닮은 사람이 태어나니 더욱 애정이 깊어진다. 나를 위해 살던 삶에서 너를 위해 사는 삶을 살게 된다. 나의 삶과 자녀의 삶이 정당한 이유로 결합된다. 자녀는 이미 결정지어져 버린 몇 살의 내가 아닌 다시 삶을 시작해서 무한한 가능성을 가진 새로운 내가 되어 진다. 자녀의 성공이 부모의 성공이 되고 자녀의 실패가 부모의 실패가 되는 공동의 운명으로 이어진다. 모든 부모는 자녀가 상위 2%의 특출난 인재는 아니더라도 20% 안의 우수한 인재로서 뛰어난 삶을 살기를 바라는 마음이 간절해진다.

부모가 경쟁적인 성격이 아니었다 해도 거의 모든 부모는 경쟁적이 된다. 부모 개인이 가졌던 평생의 경쟁심보다 부모가 자녀를 통해 느끼는 경쟁심이 훨씬 크다. 어릴 적에는 아이가 그냥 건강하고 해맑게 웃는 것만으로 만족했다면 성장기에 접어들면서 부터는 옆집 아이와의 비교가 시작된다. 아기 때는 우열이 외모, 발육정도, 운동신경, 언어능력이다가 나이가 들어갈수록 수치로 매겨지기 시작한다. 공교육이 수치를 없애면서 경쟁과 갈등을 낮추려 하지만 부모는 보이지 않는 수치에 더욱 애가 타기도 한다.

사회분위기상 단순 학습능력이 아니고 창의성, 감성지수, 대인관계능력 등 다중적인 지능과 재능의 여부가 관심사로 떠오르고 있다. 이것 또한 부모님의 책임 영역이 더 커져서 고민이다. 자녀의 견문을 넓히기 위해 유적지나 체험 장소, 미술관과 박물관 등에 사람들이 바글바글하다.

스무 살까지 잘 키워내 대학에 진학시키면 한숨 한번 쉬고, 다시 취업의 시간까지 부모의 간이 같이 타들어간다. 이후 결혼 자금에 자녀의 주택 마련까지 동참해 결혼식까지 마치면 이제 끝인가 싶었는데 손주 태어나면 손주 양육까지 도와야 하는 상황이 되었다.

인간은 모든 생명체 중에 양육기간이 가장 길고 존재 형성과정에 제반 사항이 많다. 자녀양육이 건강한 성인이 되기까지의 성장이 아닌 끝나지 않은 사명이 되어 평생 보장이 되어 버렸다.

강골 부모에 약골 자녀

전후 세대가 어려움 속에서 지금의 한국을 건설해 내는 놀라운 업적을 이루었다. 풍요로운 한국에서 장군 같은 강골 부모에 의해 키워진 다음 세대는 의도하지 않게 약골이 되었다. 스스로 커야 하는 시대의 어르신들의 아픔을 어찌 말로 다 할 수 있을까 만은 키워지는 세대의 아픔 또한 다른 형태로 존재한다. 하나 둘 내지 셋 정도의 자녀들 중에서 키워지고 부모의 지극정성에 경제적 풍요가 더해지면서 더 높은 곳에 도착해야하는 세대, 풍요로운 공급 속에 무한 경쟁을 해야 하는 세대가 된 것이다.

아주 어릴 때부터 꽃신을 신고 비단길만을 걸어버린 것이다. 중국도 인구감소정책에 한 명 내지 두 명의 자녀를 키우며 경제 호황까지 겹쳐 소황제 병에 시달리는 나라가 되어 가고 있다. 일본도 밤늦도록 야근하며 경제성장을 이룬 어르신들 이후 자신의 존재 의미를 찾아 기본 알바로 버티며 시간의 자유를 누리는 새로운 족속들이 늘어나는 시대이다.

그러고 보면 각 세대마다 그 세대의 숙제처럼 동의한 내용들이 있다. 그 내용을 다들 받아들이고 함께 걸어간다. 어려운 시기의 어른들의 공통된 부름이 '잘 살아 보세.'였다면 이제 다음 세대는 '어떻게 사는 것이 잘 사는 것이냐?'를 다시 고민하며 방법을 바꿔보는 세대인 것이다. 그래서 한 세대가 다음 세대를 키워 낸다는 것은 굉장히 힘든 일이다. 다른 존재, 다른 의식, 다른 필요가 있기 때문이다.

어려운 세대의 부모님이 비빌 언덕 없이 일어서시며 지금의 강골로 자리를 잡으셨다. 자녀 세대도 비빌 언덕을 최소화하고 자신이 길을 찾아 헤매보아야 한다. 인생의 의미는 자신이 찾아야 하는 것이다. 비단신과 꽃길은 맨발로 험한 길을 거쳐 자기 발로 도착해야 하는 것이다. 누군가가 깔아준 그 길은 자신의 존재로 이룬 것이 아니기 때문에 불협화음이 생길 수밖에 없다.

비행기와 달리 원하는 곳에 수직비행이 가능한 헬리콥터처럼 자녀가 해결해야 하는 자리에 바로 착륙과 이륙을 반복하며 자녀를 돕는 엄마들의 모습을 풍자한 말, '헬리콥터 맘'이다. 20대의 젊은 청년들이 병원진료를 엄마와 함께 오거나 진단, 치료 내용을 급히 전화로 알리며 의사선생님이 엄마와 통화하게 하는 모습이 잦아지고 있다고 한다. 스스로가 아니라 엄마와 늘 함께이고 엄마가 해결해 주는 구조가 계속 되고 있는 것이다. 어린 시절부터 이어져 온 것이라 언제 어떻게 멈춰야 하는지를 부모도 자녀도 모르기에 나타나는 현상이다. 부모도 자녀도 서로의 협력 관계를 끊으려는 마음이 없기에 나타나는 현상이다.

영화 '공공의 적'에는 유산문제로 부모를 살해하는 아들이 나온다. 살해당하는 엄마가 마지막 증거가 될 수 있는 아들의 손톱을 삼키며 아들의 살인죄를 감추려는 모습이 나온다. '마더'라는 또 다른 영화에서는 아들의 살인을 감추기 위해 엄마가 다른 살인을 감행하고 무죄한 사형수의 사형집행을 묵인한다. 엄마의 극진한 사랑이 너무 무섭게 그려진 영화다.

종종 부모는 자녀가 약하니까, 경험이 미숙하니까, 세상이 험악하니까 라는 이유로 '인생'이라는 '자녀의 총대'를 돌려주지 않게 된다. 자녀도 힘든 짐을 대신 지는 부모에게 자신을 맡겨 스스로 독립된 삶을 배우지 못하게 된다. 여러 가지 도움에 익숙해진 자녀는 효 때문이든 이기적인 필요 때문이든 부모에게 의존하게 된다. 잠정적으로 서로 약속체결이 된 것이다. 자녀가 "제 총대는 제가 멜게요." 하고 독립 투쟁하기에는 싫고도 좋은 것, 좋고도 싫은 것이 되어버린 것이 부모의 '대신 꿈꾸기, 대신 살아주기'이다.

학습태도인가? 학습동기인가?

첫째 한샘이는 집중력이 높은 아이다. 방과 후 교실을 4~5학년 때 2년 정도 진행했다. 선생님이 계셨고 나는 고문, 자문 같은 상황이라 방과 후 학습의 속사정을 보게 되었다. 학습태도나 습관에 대해 중점을 둔 상태에서 진행하는 학습의 시간은 시간이 갈수록 학습동기가 낮아지는 것을 보았다. 나는 생각했다. 누군가를 위해서 혹은 두렵기 때문에 하는 공부가 성인이 다 되도록 이어지는 것이 무슨 의미가 있을까? 대학으로 보상받고 대학 이후 직장과 결혼으로 보상받기에 참고 걸어가는 대략 12년의 공부가 한샘이에게 진정 의미가 있을 것인가에 대한 고민이었다. 학습태도와 학습동기 중에서 무엇이 더 중요한가 고민 했다. 한샘이가 원하지 않는 한 다시 말해 학습동기가 없는 한 학습 능력은 높아질 수 없다는 결론을 내렸다.

학습 능력이 높은 많은 아이들의 속내에는 엄마가 원하거나 대학에 가야하기 때문에 또는 경쟁에 뒤처질까라는 두려움이 많다. 내가 진정 하고 싶은 일을 위해서나 나를 위해서하는 능동적인 학습 보기가 어려운 모습이다. 자신이 끄는 수레가 아니라 외부의 압력에 의해서 의욕 없이 끄는 수레인 것이다.

우리가 진행한 방과 후 교실은 독서, 수영, 스키, 야유회 등을 공유하며 아이들의 친밀도가 높은 공동체를 형성하고, 공부는 자기 주도적으로 진행하는 형식의 학습이었다. 자신이 스스로 공부하고 모르는 문제를 선생님께 개별적으로 묻는 형식으로 진행해 갔다. 다른 어느 학원보다 재미있어하고 좋아했지만 학습동기를 높이기에는 역부족이었다.

이럴 때 엄마들은 "아이들이 공부 좋아할 때가 언제 있느냐?" 며 부모가 학습을 하도록 몰아붙여 어느 정도의 성적에 도달하게 해야 한다고 생각한다. 대체적으로 학습에 대해 의지가 강한 엄마를 둔 자녀의 학습동기가 더 낮다. 초등학교까지는 모르지만 중 고등학교는 학습 내용이나 양으로 봤을 때 본인의 학습동기, 의지가 없다면 학습능력은 추풍낙엽처럼 떨어진다. 학습 동기는 엄마가 아니라 자녀 스스로가 시작점이어야 한다.

아이들과 솔직한 회의 시간을 가졌다. 아이들 전부 공부가 더 싫어진다며 지금은 놀고 싶고 필요할 때 하겠다는 의견이었다. 부모님께도 내용을 알리고 아이들의 쉬는 시간을 시작했다. 방과 후 교실 운영을 공식적으로 폐지했다.

방과 후 교실을 그만 둔 이후, 우리 집 아이들에게는 아이 자신의 생각을 결정하기 전에 부모가 설득, 간청, 위협, 협박을 통해 부모의 원하는 것을 강요하지 않는 교육이 정립되었다. 학습은 자녀의 인생이니 자녀가 필요를 느꼈을 때 하면 된다고 결론을 내린 것이다. '대신 꿈꾸지 않기, 대신 살아주지 않기'의 시작점이었다.

자녀의 꿈을 대신 꾸면 아이가 집중하지 않고 순종하지 않을 때 화가 난다. 내가 자신을 위해 살아주고 있는데 자녀가 열심히 살아가지 않는 모습에 화가 나는 것이다. 부모는 투자하고 노력하고 애쓴 만큼 자녀에게 실망하고 화가 난다. 자신의 옷 한 벌 못 사고 밀어준 학원비가 의미 없을 때 화가 난다.

반면 부모가 대신 꿈꾸고 살아주기 시작하면 자녀는 더욱 꿈꾸지 않고 더욱 살아 내지를 않는다. 이러한 관계는 성장기 자녀와 부모 사이에 양극화를 만들어내게 되고 '그냥 항상 기뻐하기'를 방해하는 주요원인이 된다.

양육내용이 복잡해지면서 자녀와의 충돌이 시작되고 학습이나 다른 여러 영역에서 부모의 대신하기가 심화되면서 결국은 부모와 자녀 간의 사랑과 기쁨의 관계가 끝이 나는 것을 본다. 엄마의 입에 "사랑해." 대신에 "공부했니?" 가 일상이 되며 좋은 관계를 망쳐놓기 시작하는 것이다.

5명의 아이의 현시점

첫째 한샘이가 5학년을 마칠 즈음에 한샘이에게 통고한 것이 있다. "자신이 원할 때 공부한다. 엄마 아빠는 모든 관심을 멈춘다. 필요가 있을 때 말하면 그 때 돕는다. 대학에 가지 않아도 좋고 공부를 못해도 좋다. 한샘이를 사랑한다. 원하는 삶을 살아라." 한샘이가 초등학교 저학년 때 게임에 너무 집착하기에 아예 멈췄었다. 그 뒤 5학년이 되도록 게임은 일절 하지 않고 청정지역의 아이로 지냈다. 그 게임도 원한다면 하도록 허락했다. 해보고 싶은 것을 해 봐야지 단순히 막을 일이 아니라고 생각했다. 그리고 건강하게 성장한 한샘이가 자신의 삶의 균형을 잡아가리라 믿기 시작했다. 안 하는 듯 보이고, 더디고 엉뚱해 보여도 한샘이의 인생이니 맡긴 것이다. 한샘이의 손에 한샘이의 인생의 총대를 넘겨주었다.

그 이후 공부는 줄고 게임은 늘었다. 6학년에서 고등학교 1학년인 4년 동안 한샘이가 공부하는 것을 본 적이 거의 없다. 한샘이는 공부를 안 하고 성적은 보통이지만, 공부하란 소리 한 번 안 듣고 4년의 자유를 누렸다. '그냥 항상 기뻐하기'에 '솔직하기'가 더해져 우리 가정은 파라다이스처럼 행복해졌다.

한샘이의 성적은 과목별로 둘쑥날쑥 하다. 공부에 시간을 들여야하는 것들은 성적이 낮고, 시간을 적게 들이고 이해도가 필요한 과목은 점수가 높다. 학교에서 영어 부진 반, 일명 방과 후 특별반에 들어가기도 했다. 그러면 어김없이 한 달 내로 영어 가장 잘하는 아이로

부진 반에 있을 이유가 없다며 다시 특별반에서 나왔다. 그리고는 다시 영어 점수가 낮아진다. 집중된 분야에 깊은 지식이 있고 나머지 분야는 무관심하다.

학교 숙제나 특기적성 기타의 봉사활동 등 모든 것을 한샘이가 관리한다. 한번은 토요일 아침 일찍 한샘이가 조용히 나가려는 모습을 보고 어딜 가냐고 물었더니 봉사활동 간다고 했다. 스스로 인터넷으로 신청하고 기관을 찾아 가는 것이었다. 잘 다녀오라는 인사를 하고 보냈는데 밤이 많이 늦어서야 돌아왔다. 어느 경기장 풀 뽑기 봉사를 한 뒤 버스를 잘 못 타기도 하고 버스가 안 오기도 해서 늦게 온 것이었다.

한샘이는 게임을 종종하고 귀에 이어폰을 꽂고 이런 저런 음악을 들으며 걸어 다니는 이 시대의 평범한 고등학생이다. 잔잔한 미소로 어린아이처럼 웃는 아들이기도 하다. 최근에는 드디어 우리 아들에게 하고 싶은 일이 생겼다. 약학 연구진이 되고 싶단다. 우리 집은 약을 거의 먹지 않고 병원에 거의 가지 않는다. 온 식구가 건강한데 묘하게도 한샘이는 약을 먹고 싶어 한다. 어린 시절 척추 골수를 뽑을 때의 고통 때문인지 건강염려증 같은 증상이 조금 있다. 몸을 엄청 아끼고, 몸에 좋은 음식을 좋아해 비타민제를 주면 혼자 열심히 잘 챙겨 먹는다. 딱 한 번 열감기가 조금 길게 간 적이 있었는데 두고두고 말하길 자기가 그 때 병원에 갔었어야 할 큰 병으로 엄청 살이 빠졌다며 안타까워한다. 그래서인지 모르지만 약이 좋고 약을 연구하고 싶단다.

그래서 이제 공부를 시작했다. 4년 푹 놀고 하려니 힘들 것이다. 한샘이가 열심히 하든지 놀면서 하든지 하다가 말든지 어찌되었든 나는 한샘이를 좋아하고 믿고 기다리려고 한다. 한샘이에게 하고 싶은 일이 생긴 것이 너무 기쁘다.

힘들지 않느냐고 물었더니 몸은 피곤하지만 공부는 재미있단다. 성공이다. 한샘이가 학문, 학습을 좋아한다면 무엇을 하든 평생 연구하며 살아갈 수 있을 것이다. 한샘이의 유명한 일화 중 하나가 수학문제집 한 권을 다 풀고 채점 하나도 안 한 일이다. 나도 모르고 넘어 갔을 일을 한 삼촌이 발견해서 만천하에 공개된 비화다. 결과보다 과정을 중요하게 여기는 녀석이다. 기대가 된다.

병아리의 껍질 깨기를 도와주면 병아리는 죽는다고 한다. 내가 대신 해 줄 수도 없지만 만약 내 노력이 상황을 좌우한다면 한샘이 스스로 자신의 인생을 헤쳐 갈 힘이 없어질 것이다. 또 내가 열심을 낸다면 열심히 도운 만큼 결과에 목을 매게 될 것이다. 그렇기에 결과는 한샘이의 일로 맡기고 나는 응원하고 기다리는 내 자리를 지키려한다.

난 강한 기질을 가진 엄마이고, 한샘이는 순종적이고 집중력이 높은 아이라 밀어 붙여 공부를 시켰다면 어느 정도의 성적이 나왔을 것이다. 미루어 짐작해보면 잔소리하고 확인하고 감시했을 것이다. 한샘이 성적은 높았을지 모르지만 한샘이의 행복, 나와 한샘이의 관계 만족도는 낮았을 것 같다.

현재 사춘기 없이 고등학교 1학년인 큰 아들 한샘이와 나는 서로를 좋아하고 함께 행복하다.

둘째 한솔이 역시 학원 하나 다니지 않고 숙제는 자기가 알아서 하고 있다. 책을 보라고 하지도 않는다. 스스로 보고 싶으면 보고, 놀고 싶으면 논다. 방과 후 일정도 한 개 두 개 정도만 하고, 하고 싶지 않은 것은 하지 않는다. 우리 집에서 필수로 해야 하는 수영장 3년 다니기만 꾸준히 했다. 온 가족이 물놀이를 좋아해 여름에는 몇 차례씩 즐거운 물놀이를 간다. 수영은 생명과 연결된 문제이기도 하고, 여름 수영과 겨울 스키를 배워 성인이 되어서 야외에서 충분히 활동하며 즐기자는 것이 우리 집 여가생활의 목표이기도 하다.

4학년 2학기부터 졸업까지 2년 반을 다닌 경기도 판교 시의 초등학교에서는 긴 논술 문제로 시험이 출제되었다. 한 과목에 3~5문제 정도가 나오는데 1문제당 A4 반 페이지 이상을 서술형으로 기술 하는 문제들이었다. 한솔이는 반에서 학원 다니지 않는 한 두 명의 아이 중에 속했지만 다 맞거나 한 두 문제만 틀리는 상위권의 아이에 속했다. 단답식 문제보다 논술문제가 더 좋다는 아이다. 단답식은 꼭 외우지 않으면 안 되니 공부하기 싫단다. 중학교 1학년인 한솔이는 지금 자유학기제로 팡팡 놀고 있다. 그리고 앞으로 무엇을 하며 살아야 할지 잘 모르겠다고 한다. 한솔이가 도와 달라고 해서 한솔이랑 학습을 같이 해 본 주변인들의 증언에 의하면 한솔이가 똑똑하고 이해력이 높다고 한다.

중학교 1학년 우리 딸의 꿈은 우리 딸 한솔이 속에서 무럭무럭 자라다가 어느 날 꽃을 피우고 열매를 맺으리라고 본다. 나의 일은 한솔이를 사랑하는 것이고 그 아이의 삶은 자기 자신이 고민해 가는 것이니 키우기가 너무 쉽다. 한솔이가 무언가 하고 싶은 일이 생기고 그 일을 위해 자신의 시간과 노력이 들어갈 날들이 곧 올 것이다. 나는 같이 기다려 주고 기뻐해 주는 일을 할 것이다.

셋째 한이는 정말 이 교육의 결정판이다. 나는 필통도 안 챙겨주고 주간학습 안내도 챙기지 않는 엄마다. 본인이 도와 달라고 할 때만 한다. 이 원칙은 초등학교 1학년이든 고등학교 3학년이든 동일하다. 간혹 아침에 급하게 울며 숙제를 한다. 나는 미리 안했으면 그냥 가서 야단맞으라고 권한다.

간혹 어떤 시험을 앞두고 모르는 게 있으면 급하게 열심히 공부를 한다. 수업시간에 초 집중을 하고 나에게 개인적으로 묻기도 해서 시험을 아주 잘 본다. 학원 다니는 친구들 보다 그렇지 않은 자신이 훨씬 똑똑하고 공부도 더 잘한다는 정보도 꼼꼼히 알려 준다. 사실인 것 같다. 학습 습관은 안 배어 있지만 자신이 스스로 학교생활을 해 가야 하니 자체적인 능력이 배양되는 것 같다. 최근에 영어를 고민하며 공부하고 싶어 해서 아빠와 영어공부를 시작했다. 본인 스스로 필요를 느껴 시작했고 이해가 빠른데 영어가 읽어진다며 아주 뿌듯해 한다.

한이는 주변의 인품 좋으신 분들에게 잘 보여 개인적인 알바로 용돈을 모아서 동생들과 친구들에게 1~2만원 씩 시원하게 쏘기도 한다. 꽤 부자다. 나에게도 다량의 선물을 한다. 약삭빠르고 영특하여 영업이나 사업을 해도 잘 할 것이라고 칭찬을 많이 듣는다.

그런 한이도 심각한 시절은 있었다. 초등학교 입학 무렵 머리가 팽팽 돌고, 입이 트이더니 할 말 안 할 말을 구별 못하고 다 해댔다. 어른에게 안해야 할 말도 하고 놀리듯이 상처 되는 말도 했다. 빈도가 잦아서 주변 사람들의 원성과 미움을 받는 시기였다. 한샘이, 한솔이를 키우지 않고 한이를 첫째로 키웠다면 지적하고 야단치고 가르치고 실망하며 그 기간에 아이를 반은 잡았을 것이다. '솔직하기'로 엄마의 심경과 한이가 파생시키는 일의 문제성을 말하기는 했지만 큰 기저는 '그냥 항상 기뻐하기'의 마음이었다. 그리고 내가 생각하는 어떤 한이로 만들려 하지 않고 기다렸다. 한이와 세월에 맡긴 것이다.

그 시절이 지나고 한이는 더 또랑또랑하고 멋진 아이로 크고 있다. 순발력 있게 떠오른 말들을 가려서 표현하려고 조절도 한다. 초등학교 4학년인 자신이 6살짜리 한비와 4살짜리 한결이를 돌보고 씻기고 밥도 먹인다. 간혹 내 일과가 너무 바쁠 때는 엄마 대신 두 동생 목욕도 시켜주는 한이다. 애들이 배고프다고 하면 냉장고를 열어 계란말이도 하고 가끔 라면도 끓여준다. 아주 살림꾼이다. 첫째와 둘째가 자신의 인생의 시간으로 독립해가고 있는 지금 한이는 가족의 중심에 들어와 쑥쑥 자라가고 있다.

한이는 학교에서도 집중력이 떨어지고 부산한 친구를 돌본다. 선생님도 소그룹 활동이 필요한 수업일 때 한이와 그 친구를 짝 지워주신다. 한이가 돌보고 다독여서 행동이 조절된다고 한다. 한이는 힘들긴 하지만 그 친구를 잘 돌보는 사람이 자기 자신이란다. 한이는 놀라운 아이로 자라고 있다. 돌봄이 몸에 배고 있는 한이가 어떤 꿈을 꾸게 될지 기대된다.

한이의 엄마를 향한 바람은 하교 후 동생들 없는 시간에 자신을 10분만 꼭 안아 달라는 것이다. 그 10분을 안아주고 예뻐해 줄 뿐인데 너무나 잘 자라가고 있다. 나는 10분 안아주고 한이는 100분 도와준다.

넷째 한비도 정말 대단하다. 어린이집에 다니는 6세 아이지만 벌써 초등학생의 인지력이 보이는 것 같다. 어린이집 준비물과 선생님 말씀을 전달하며 일일이 챙기지 않는 엄마를 대신해서 단체생활에 열심히 적응하고 있다.

동네 이웃집을 돌아다니며 예쁨도 받고 맛있는 것을 먹고 온다. 동생 한결이의 손을 잡고 차 다니는 길을 잘 피해 동네 친구 집에 놀러 다닌다. 입으로는 남의 집 밥 먹는 시간에 가면 안 된다고 엄마가 빨리 돌아오라고 했다고 말하면서도 엉덩이는 식탁 의자에서 떼지 않고 밥을 다 얻어먹고 집으로 온다. 동네에 귀하고 예쁘게 자란 친구가 있는데 한비가 제일 무섭단다. 남의 집 귀한 아들을 얼마나 볶아 대는지 모른다. 그런데도 어른들이 얄미워하지 않고 감탄하며 예뻐한다.

옆집 이모가 아기를 가졌다. 임신하면 배를 수그리기 힘들다는 나의 말을 듣고 동생 한결이와 함께 집안 여기저기를 청소해드리고 온다. 6살, 4살짜리가 청소를 해준다고 가니 임신한 옆집 이모는 이 두 자매에게 홀딱 반해 있다.

언니와 오빠가 공부를 하거나 숙제를 하는 모습을 보면 자신도 공부하고 싶다며 한글 공부, 영어 공부, 중국어 공부, 그림 그리기 등을 옆에서 열심히 따라한다. 한비 자신만의 문제집 가방을 하나 만들어 가지고 다닌다. 아빠를 볶아서 스스로 한글을 뗐다. 여기 저기 편지를 쓰며 한글을 적용, 체득해 가고 있다. 중어중문과 출신의 옆 집 삼촌 집에 급습해 중국어 공부하고 온다. 최근에 친구가 피아노 치는 모습에 동기부여가 되어서 피아노를 배우고 싶어 했다. 교회 이모에게 부탁해서 스스로 피아노 레슨 시작했고 너무 잘 이해하고 빨리 습득한다는 소문 들었다. 초등학생 1학년 때 수영 다닐 것을 손꼽아 기다리는 한비다. 한비가 꿈꾸고 살아갈 인생이 너무나 기대된다.

다섯째 한결이는 한이와 한비가 키운다. 더 잘 자란다. 4살이 아니라 14살 같다. 말도 얼마나 야무지게 하는지 모른다. 말을 거의 다 배운 듯한 3살 이후 4살부터는 말을 아이처럼 하려고 애쓴다. 어른들의 손보다 11살의 한이와 6살의 한비 밑에서 저절로 큰다. 나는 종종 지나가는 한결이를 붙잡아 뽀뽀하고 안아주면 된다. 그래도 도망치느라 바쁘다. 할 일이 많은 것이다. 오빠와 언니의 구박과 사랑을 먹고 쑥쑥 자라고 있다.

네 인생 네가 살아라.

'대신 꿈꾸지 않기, 대신 살아주지 않기'를 시작할 때 유익한 일들이 이렇게나 많을 줄 몰랐다. 단지 한샘이의 학습습관과 학습동기 중에서 무엇이 더 중요한가의 고민으로 시작된 일이었고 기다리면 언젠가 할 것이라는 다소 소극적인 선택이었지만 지금은 완벽하게 네 인생 네가 살라고 믿고 밀어 주게 되었다.

한샘이가 초등학생 일 때 시작된 이 원칙이 우리 집에 안착되어 더 많은 성과가 나타나고 있다. 동생들로 내려가면서 더욱 가속화된 것이다. 첫째 아이들은 자녀도 적고 여유도 많고 꿈도 많기 때문에 더 손길이 가게 되지만 동생들이 태어날수록 아이들 자신이 살아가고 자신들이 꿈꾸게 되는 환경이 더 잘 열린다는 것을 알게 되었다.

재능이 빨리 발견되어지고 진로가 결정된 아이들은 학습과정과 기간에 있어서 더 자유로운 선택이 가능하다고 본다. 대학이든 과의 선택이든 자녀의 몫이라고 본다. 대학도 필수가 아닌 선택이라고 본다. 부모인 나는 같이 고민을 할 뿐이다.

자녀의 결혼도 자녀의 선택이다. 자녀가 결정해 온 배우자는 '그냥 항상 기뻐하기'로 결정된 대상인 것이다. 부모의 기호나 필요는 중요한 것이 아니다. 내 자녀가 어떤 존재로 자라서 내부와 외부 모든 것을 동원해 찾아냈다면 그 사람이 바로 자녀의 배우자감인 것이다. 자녀의 대학과 과를 결정한 부모는 자녀의 배우자도 결정하려 든다. 부모가 자녀의 배우자를 가정환경, 성격, 학벌, 외모, 신앙으로 조건을 걸어서는 안 된다.

키워질 때는 내 가정 속의 내 자녀일지 모르지만 새로운 가정은 철저히 두 사람이 선택해 가는 것이다. 새로 시작된 가정에 양가 부모님들의 의견이 클수록 시작된 가정이 제 길을 찾아 가기 힘들다. 자녀 스스로 결정하고 책임지도록 해야 한다. 부모는 후원자이자 지지자로 존재하는 것이 더 효과적인 자녀 사랑하는 방법이다.

우리 가정은 목회자 가정이다. 신앙은 우리에게 가장 중요한 항목이다. 중요하기에 선택 전에 강요가 더욱 빈번히 일어나는 항목이기도 하다. 하지만 이 영역 역시 스무 살 까지는 양육의 과정으로 함께 신앙생활에 동참하고 그 이후의 인생에서는 스스로 선택하게 할 것이다. 자녀의 신앙생활의 유무나 신앙생활을 할 교회도 자녀가 스스로 결정하도록 한다.

가정의 교제도 명절을 기점으로 말고 더 자주 보고 싶으면 자주 만나고 덜 보고 싶으면 덜 만나도 된다. 바쁘면 덜 만나고 한가하면 더 자주 만나면 될 거 같다. 강요된 약속이 아닌 자유선택에 의한 만남을 바란다.

위험 그리고 독립, 정말 중요한 요소

인생을 살아보신 어른들은 공부할 때가 가장 좋은 때라고 말씀하시는 경우가 많다. 과거 공부에는 위험요소가 적으면서 성과가 높았다. 하지만 이제 그 시대는 마감되어가고 있고 인생은 예측불허이다. 대학 졸업장보다 위험요소를 두려워하지 않는 마음과 문제 해결 능력이 더 중요하다. 부모의 헌신으로 자녀가 겪을 위험요소를 제거하는 것은 자녀에게 해가 된다. 적당한 위험의 노출이 위기대처능력으로 자라간다. 약한 바이러스에 먼저 싸워보는 예방주사처럼 자녀가 스스로의 인생을 싸울 수 있도록 위험에 노출시켜야 한다.

EBS 다큐프라임 '놀이의 반란: 위험한 놀이터로 오세요'라는 방송 프로그램에서 유럽의 놀이터와 우리나라의 놀이터를 비교해 다룬 적이 있다. 덴마크의 코펜하겐 놀이터 회사의 대표 디자이너 2명이 한국의 놀이터 사진을 보고 분석한 내용은 이러하다. "한국의 놀이터는 덴마크의 놀이터와 굉장히 다르네요. 놀이터에서 경험하고 느끼는 것이 중요하다고 생각해요. 보는 것뿐만 아니라 만져보고 냄새 맡는 것도 중요하죠. 철로 만든 것이 많아서 아이들이 만질 때 차가울 것 같네요. 단단하니까 자유롭게 활동하는 데도 제약이 있겠고요. 가장 흔한 놀이터는 한 번 타고 끝나는 놀이터입니다. 이쪽으로 올라가서 여기에서 건너서 저쪽에서 미끄럼틀을 타고 내려가면 끝나는 거죠. 저희는 위험해 보여도 실제로는 안전한 놀이터를 만들죠. 위태로워

보이는 형태는 아이들로 하여금 스스로 자신의 안전을 생각하도록 만들어줍니다. 예를 들어서 외줄타기의 경우, 매달렸을 때 발이 지면으로부터 1.5m ~ 2m 정도 떨어져 있다면 아이들은 자신의 안전을 위해 스스로 조심할 것입니다. 땅에 떨어져 다칠 위험이 있기 때문이죠. 하지만 아이들은 다치지 않습니다. 떨어지지 않기 위해 안전에 집중하고 있기 때문이죠."

그리고 이 회사에서 만든 놀이터를 소개했는데 그 곳에는 인위적으로 만든 계단, 길, 난간, 발 받침대, 손잡이가 없었다.

독일 출신 놀이터 디자이너 귄터 벨트지히 역시 이 프로그램에서 인터뷰하길 "중요한 것은 아이들이 접할 수 있는 위험요소입니다. 사람들은 놀이터는 안전해야만 한다고 말합니다. 아니죠. 위험성은 항상 존재해야 합니다." 라고 했다.

독일 국제안전 규격인증기기관의 안전규정 EN1176, EN1177은 굉장히 두꺼운 분량의 책으로 엮여있다. 각 기구마다의 안전규정 내용이 많고 세세하다. 실제 어린이 사고 중 놀이터 안전사고 비율도 한국 7%, 미국 3.56%, 유럽 1.76%로 유럽이 가장 낮다. 독일의 안전규정 서문에 "아이들이 경험하는 위험은 이로울 수 있다." 라는 말이 나온다. 독일 안전 전문가 프란츠 다너도 "완벽하게 안전한 놀이터는 불가능합니다. 이 부분이 안전규정의 핵심이 되는 부분이죠. 서문을 보면, 놀이터는 위험성을 주기 위해 만들어진다고 합니다. 위험을 제공함으로써 아이들이 위험에 대처할 기회를 마련해 주는 겁니다." 라는 이야기를 한다.

이 프로그램의 내용에서 전문가들도 말하듯 적절한 수위의 위험노출은 아이를 더욱 발달하게 한다. 신체 발달도 빨라지고 마음도 성장한다. 나는 생활 속에서 아이들이 만져보고 싶거나 해 보고 싶은 것을 거의 대부분 해보게 했다. 우리 집 자녀들 중 한샘이의 활동량이 가장 많았는데 다친 적이 거의 없다. 반면에 엄마가 눈을 떼지 않고 잘 돌보는 집의 더 순한 아이가 잠시 눈을 떼는 5~10분 사이에 다치는 것을 여러 번 보았다. 한샘이 활동량의 20%도 채 안 되는 아이들이었다.

우리 집 아이들 5명 모두 거의 다친 적이 없다. 돌이 되기 전에도 만져보길 원하면 뾰족한 물건도 주의를 주고 만져보게 한다. 계단을 올라가거나 내려가고 싶어 할 때도 하게 한다. 침대에서 내려오기를 시도할 때 발이 안 닿으면 침대 위로 스스로 올라가 자신을 보호한다.

놀이터에 나가 봐도 엄마나 아빠가 함께 있는 경우가 대부분이다. 우리 집은 두세 살 때는 놀이터에 따라가 하고 싶은 것들을 할 수 있도록 두고 지켜보는 편이고 네다섯 살부터는 아이들만 보낸다. 아이들이 네다섯 살 경에는 슈퍼에 혼자 가는 것을 원한다. 몇 번을 신중하게 반복적으로 가르친 다음에 건널목이 있는 길 건너 슈퍼에도 혼자 가보도록 허락한다. 자녀 스스로가 위험한 일을 경험해 가는 것은 중요하다. 위험을 경험하면서 더 주의 깊어지고 자신감도 높아진다. 스스로 살아가기 위한 준비이다.

EBS의 또 다른 프로그램 '마더쇼크: 엄마의 뇌 속에 아이가 있다'에서는 한국 엄마와 영국엄마의 아침시간을 비교한다.

오전 7시 30분 초등학교 2학년의 한국 엄마는 아이를 깨우고 옷을 입혀준다. 늦게 일어난 딸의 밥을 먹이고 이도 닦인다. 한국 엄마는 지각을 걱정해 대부분을 돕느라 바쁘다. 한국 엄마는 "학교는 지각을 해서는 안 되는 거니까 최대한 내가 해 줄 수 있는 부분은 해 주고 아이가 할 부분은 아이에게 할 수 있도록 돕고 있어요."라고 인터뷰 했다.

반면 7살의 영국 아이는 혼자 일어나 양말을 신고 옷을 골라 입는다. 옷을 입는 모습이 서툴러도 관여하지 않고 아이가 도움을 청할 때만 엄마가 관여한다. 영국 아이에게는 하물며 현관에 배달 된 우유를 가져오는 아침 일과가 배정되어 있기도 하다. 학교 갈 시간에 맞춰 자신이 움직이고 엄마는 재촉의 말은 하되 직접적인 도움은 주지 않는다. 세안과 양치도 혼자 한다. 영국 엄마는 지각을 할 수 있다는 말만 할 뿐 몸으로 돕지 않았다. 영국 엄마는 "제 생각에 독립심이 중요한 이유는 아이를 강인한 사람으로 만들어주기 때문입니다. 스스로를 신뢰하는 것이 매우 중요하다고 생각하거든요." 라고 인터뷰했다.

같은 프로그램의 또 한 가지 실험은 한국 엄마와 미국 엄마의 양육 태도에 대해 관찰하기 위해서였다. 초등학교 3학년의 자녀를 둔 한국 엄마와 미국 엄마를 비교했다. 표면적인 실험은 뒤섞인 단어를 재조합해 푸는 단어퍼즐게임, 엄마들은 동서양 아이들의 어휘력 테스트로 알고 시작한다. 실제 실험의 목적은 자녀들이 문제를 잘 풀지 못할 때 동서양 엄마들의 반응을 비교 관찰해 보기 위한 것이었다. 실험자 건너편에 엄마와 자녀가 함께 앉고 문제가 시작된다.

한국 엄마들은 직접적인 도움을 주기도 하고 실험자가 의도적으로 자리를 비울 때, 거의 다 풀어주기까지 했다. 엄마들은 다들 많이 도와주지 못 한 것을 안타깝게 생각하며 자녀에게 문제의 답을 가르쳐주고 싶어 했다. 시험에 통과할 수 있도록 적극적으로 개입하고 싶어 하는 모습들이었다.

미국엄마들은 공통적으로 별다른 개입 없이 지켜봤다. 아이가 풀지 못해도 격려만 할 뿐 직접적인 도움은 주지 않았다. 아이가 혼자 문제를 해결 하는 것을 지켜보면서 눈빛과 말로 지원과 격려를 보냈고 과정이 끝난 뒤 아이의 문제 해결을 함께 기뻐하는 모습이었다. 대부분의 한국 엄마는 공통적으로 직접적인 힌트를 줘서 맞출 수 있도록 도와주고 싶어 했고, 미국엄마는 공통적으로 스스로 문제를 풀도록 지켜보았다.

이에 대해 가톨릭 대학교 심리학과 정윤경 교수는 "우리나라 엄마들은 성취의 과정보다는 성취의 결과를 더 중요시 여기는 것 같아요. 아이가 하고 있고, 아이가 어떤 과정을 거치고 있는데 중간에 자기 생각하기에 이게 옳은 것 같으니까 이렇게 해봐 저렇게 해봐하며 애들이 생각하는 과정을 방해를 하는 겁니다." 라고 말했다.

목적이 다르니 방법론이 다르다. 유럽은 양육과 보호 이후 독립을 준비하는 교육이다. 우리나라는 양육과 보호에 큰 비중을 두고 독립을 최대한 미루는 교육이다. 영국의 교육은 놀이터에서는 위험 요소를 노출시키고 미국의 가정 양육에서는 독립을 미리 준비한다. 도와주고 싶고 대신 해주고 싶다는 감정이 깊을수록 대신 살아주고 대신 꿈을 꾸어버리는 양육방법론이 발생된다.

'대신 꿈꾸지 않기, 대신 살아주지 않기'의
세부적인 참고사항

첫째, 긴 시간이 걸린다.

　과거 농사가 주업이던 시대에 결혼은 10대 중후반이었고 20대는 자녀까지 둔 어엿한 성인이었다. 요즘은 공교육이 자리 잡은 이후 초졸, 중졸, 대졸, 대학원졸, 유학까지 경제 개발과 과열된 교육열로 기본 교육이 끝나는 나이가 20대 중반이 훌쩍 넘는다. 과도한 결혼 문화의 기본을 갖추려 10년을 이상을 쓰고, 30대 중반이 넘어서야 결혼을 할까 말까 하는 추세다. 한 인격이 성인으로 유입되는데 너무 긴 시간이 걸린다. 현실적인 경제적 독립이 20살 이후이다 보니 최소 20살까지 부모의 결정권이 크다. 성인이 되어 완전한 독립을 하기 위해서는 그보다 훨씬 이전에 한 인격으로의 결정권을 가지고 그 결정권을 잘 사용할 줄 알아야 한다. 그래야 실제 독립 기점에 성인으로서의 능력을 발휘할 수가 있다. 완전한 독립 전에 농도가 옅은 독립이 시작되어져야 한다. 어린 시절부터 위험 요소에 대한 주의력, 책임과 의무, 개별화와 연합, 믿음과 자유를 선물 받아야 한다. 그리고 성인의 어느 날은 완전 독립이라는 선물을 받아야 한다. 성인식의 참 의미가 회복되어져야 한다.

　자녀의 꿈과 인생은 20~30년 안에 완성되는 것이 아니라 자녀의 평생작업이다. 언제까지 기다리면 언제쯤은 가능해진다는 단순한 연차 수를 기다리는 것이 아니다. 생애 시작부터 끝까지를 자녀의 손에 쥐어주는 일이다. 그냥 단순한 인내가 아니라 신경을 꺼야 하는 것이다. 무관심이나 방치가 아닌 사랑을 품고 자녀의 일을 남의 일처럼 신경을 꺼야 한다. 자녀의 인생을 내 인생에 끌어다 붙이면 안 된다. 자녀의 인생을 내 인생에서 떼어 내 줘야 한다. 돌보고 양육했지만 내보내 주는 것이다. 소중한 만큼 자녀 스스로가 주인이 될 수 있도록 자녀의 삶을 돌려주어야 한다.

둘째, 자녀가 원하는 것을 한다.

꿈은 단번에 유능하고 탁월하게 찾아지는 것이 아니다. 많은 시간을 들여 다양한 경험을 하며 자신이 진정 원하는 것이 무엇인지 찾아가는 것이다. 부모는 자녀의 진로에 너무나 큰 관심이 있다. 진로가 자녀의 존재를 평가하는 잣대가 되고 경제기반이 되기 때문이다. 너무 허무맹랑해 보이는 꿈을 꾸던지 너무 현실적인 꿈을 꾸던지 모두 자녀가 선택해 갈 일이다. 계속 도전하든 한 번에 안착하든 자녀의 일이다.

'꿈꾸는 다락방'의 작가 이지성은 정말 작가로는 재능이 안 보이니 그 길만은 가지 말라며 부모 형제 친구가 다 말렸던 사람이다. 하지만 자신은 원했고 방에 처박혀 끼적이길 10년 만에 작가의 꿈을 이루었다.

몇 년 전 우연히 본 다큐멘터리에 한인 2세대가 하버드 대학의 교수가 되어 높은 평가를 받고 있다는 내용이 나왔다. 미인에 명석한 두

뇌, 차분하고 인자한 성품까지 나무랄 데가 없는 사람이었다. 교수 평가가 너무 높아 젊은 나이인 40대에 하버드가 인정한 평생 교수직을 부여 받은 사람이었다. 그런데 지금도 내 뇌리에서 떠나지 않는 5분 정도 분량의 한 컷이 있다. 자녀 교육 위해 미국에 건너가 갖은 고생하신 부모님의 꿈인 학자의 길을 위해 자신이 가슴 뛰게 하고 싶던 발레리나를 포기했다는 이야기였다. 말을 꺼냄과 동시에 눈물이 왈칵 쏟던 모습이 떠오른다. "딴따라로 살기보다 학자로 살아야 존경받고 안정 된다." 는 엄마의 꿈을 위해 자신의 꿈을 포기한 사연이었다. 학자로 성공한 탄탄한 길에 서 있는 현시점에도 생각만하면 왈칵 눈물이 나는 가슴 뛰는 꿈을 엄마의 헌신에 보답하기 위해 딸이 헌신한 이야기였다. 자신의 꿈과 인생을 헌신한 것이다. 너무 큰 성공담인 이 이야기가 나에게는 슬픈 이야기로 남았다.

자녀가 원하는 것을 해야 한다. 10년을 방에서 끼적이고도 별일 못 일으키고 다시 직장 얻는 서른 살 아들도 사랑 받는 대한민국이면 좋겠다. 하물며 꿈이 없다고 해도 걱정 말자. 부모인 우리도 없었고 두려웠다. 꿈꾸는 법을 못 배우고 입에 풀칠하기 바빴던 우리가 뭘 그리 잘 가르치겠는가. 그냥 믿고 맡기자. 걔네가 우리보다 더 잘한다. 자기 꿈은 자기만 찾아낼 수 있는 것이다. 가슴의 떨림으로 찾아진다. 안 떨리면 자야한다. 그만 자고 싶을 때까지 기다리며 그것도 다 맡기자.

내가 원하는 자녀의 일이란 없다. 내가 못한 일을 대신해 주는 것도 아니다. 부모의 꿈을 자녀에게 강요하는 경우를 본다. 내 인생에 부모가 못 해준 것을 너에게 해 줄 테니 내가 못 이룬 꿈을 이루라는 의미와 같다. 자녀를 진정으로 위하는 것이 아니라 자녀를 통해 나의 인생을 길게 늘려 꼭 성공해 보고 싶은 욕심이다. 나는 나의 세대로 끝난다. 자녀는 자녀의 생애와 세대를 살아가야 하는 것이다. 자녀는 부모의 한을 풀기 위한 도구가 아니다. 부모가 원하는 것이 아닌 자신이 원하는 것을 찾아가야 한다.

셋째, 부모보다 성공한 삶이어야 한다는 것은 없다.

어려운 상황에서 자수성가한 부모님을 둔 자녀 세대는 힘들다. 경제적으로든 학문에서든 탁월한 능력을 드러낸 부모 밑에 태어난 자녀들은 더 불리한 입장이다. 너무나 잘난 부모 밑에 비교된 못난 자녀가 되기 쉽다. 부모는 자녀에 대한 기준도 기대도 야망도 높다. 비빌 언덕 없던 시대에 성공하신 분들은 자녀에게 요구가 더 크다. 누구누구의 아들이나 딸로서가 아니라 자기 자신으로 살아갈 수 있도록 앞 세대의 영광이 후세의 걸림돌이 되지 않게 해야 한다.

자수성가한 강성 아버지가 무능력해 보이는 아들을 괴로워 한다는 이야기를 자주 듣는다. 탁월함을 가진 자신의 삶에 비해 약한 아들을 못마땅해 하는 것이다. 이 아들은 아버지보다 자신이 커질 때까지 고통을 받는다. 반면 아예 아버지 밑에 납작 엎드려 들어가 빌붙어 살아가는 자수성 2세대 자녀들도 존재한다. 아버지에게서 독립할 마음도 없이 뒤엉킨 가정을 계속 유지하며 부모로부터 떨어지는 콩고물에 관심이 많다. 아버지보다 커져서 이기기보다 이 길이 더 쉬워서 많은 자녀들이 이 길을 선택한다. 그런 자녀의 배우자들은 힘들어 하거나 목적이 같으면 더 좋아한다.

넷째, 자녀를 위험에 노출 시킨다.

자녀가 위험을 인지하고 대처할 수 있도록 적절한 위험에 노출시킨다. 위험한 상황은 주의력집중을 가져온다. 긴장감을 느끼고 위험에 대처해 볼수록 자녀의 신체와 마음이 발달한다. 위험에 대한 노출을 제거했을 경우 자녀는 위험에 대처하는 경험의 부족으로 실제 위험한 일을 겪을 수 있다.

자녀 중 밑의 자녀가 위험에 더 노출되는데 실제 더 영민하고 두루 발달한다. 첫째에게 완전한 안전을 줄 수 있었던 것에 비해 둘째는 엄마의 손을 벗어나 위험한 순간이 더 많아진다. 그래서 둘째가 주로 오감이 발달하며 더 똑똑하고 강하다. 엄마의 손길이 부족해서 더 많은 위험이 있었고 그 때 마다 발달해 간 것이다.

놀이터 가보기, 건널목 건너기, 슈퍼 심부름 등 조금은 위험하지만 아이가 하고 싶어 하는 것이 있다. 이런 경험을 뒤로 미루면 일시적으로 더 안전해 보이지만 삶이라는 복잡 다양한 위험들에 대한 대처 능력이 월등이 떨어져 더 위험에 노출되게 된다.

다섯째, 자녀 스스로 하게 한다.

아이의 일을 스스로 하게 하는 것은 독립적이고 강인한 아이로 성장해 가게 한다. 삶에 나타나는 어려움들이 커져 가거나 많아질 때 스스로 문제 해결을 해 본 경험이 이를 잘 대처하게 한다. 인생은 독립체인 한 사람으로의 발달이 중요하다.

혼자 밥도 먹고 옷도 입고 외출할 수 있을 때 자신감이 생긴다. 스스로 무언가 할 수 있다는 감정은 새로운 일들에 대한 개척이나 문제 해결능력을 높이기 때문에 성인이 될수록 필요한 것이다. 더불어 자신 스스로를 도울 수 있을 때 다른 사람의 필요를 감지하고 도울 수도 있게 된다.

자녀에게 하고 싶은 일 뿐만 아니라 할 일들을 지정해 주는 것도 좋다. 가정에서 엄마의 일을 돕는 소소한 일을 지정해 주고 격려해 주면 좋다. 유아기 자녀는 스스로 옷을 입고 신발을 신거나 수건 접는 일을 할 수 있다. 초등학생 자녀는 간단한 요리를 가르치고 엄마를 도우며 잔심부름으로 경험을 쌓게 한다. 중 고등학생 자녀도 자신의 학업을 스스로 하고 집안의 청소, 특히 자신의 방을 청소할 수 있게 해야 한다. 어릴수록 스스로 하고 싶은 일이 많고 모든 일에 흥미로워한다. 나이가 들어갈수록 혼자만의 시간을 갖는 정적인 것을 좋아하는 모습으로 바뀌어간다. 상황에 따라 자녀 스스로가 원할 때 기회를 충분히 주거나 엄마가 가정의 필요에 의해 일을 부여하면서 자녀가 스스로 움직이게 하자.

여섯째, 욕도 먹어봐야 한다.

인생을 살아가다보면 문제에 봉착하는 인생의 위기들이 있다. 일도 잘 안되고 사람들이 떠나가고 내 자신이 별거 아닐 때가 온다. 실패와 좌절, 절망을 경험 하는 시간들이다. 이 시간은 모든 사람들이 다 싫어하는 시간이지만 이 시간은 또한 너무나 귀하고 좋은 시간이기도 하다. 승승장구하며 빠른 성공에 진입한 사람보다 인생에 고비를 거치며 모진 풍파를 견뎌낸 사람의 속내는 깊이 익어있다.

이 모진 풍파가 몰고 오는 고통은 사람의 마음을 정화하며 내면의 깊이를 더하게 한다. 오래된 포도주의 깊은 맛처럼 오묘하다. 고생한 사람이 고생하는 사람의 마음을 알고 어려움을 통과한 사람이 어려움을 통과해 가는 사람을 위로하고 도울 수가 있다. 인생의 바닥을 경험한 사람은 낙하를 두려워하지 않는다.

아이들은 감성은 채워주고 환경은 어려워야 더 잘 자란다. '그냥 항상 기뻐하기'로 자녀의 모든 것을 수용하고 사랑하지만 일상에서 욕도 듣게 해야 한다. 두 가지 감정에 단련할 기회를 모두 주는 것인데 쇠를 다룰 때 뜨거운 풀무와 찬 물로 모양을 잡아가듯이 기쁨도 고통도 모두 필요한 것이다. 내가 별로일 때 버려지는 것도 경험해 보고 매몰찬 말도 들어 봐야한다. 수긍하고 자신을 꺾는 마음은 자신감만큼이나 중요하다.

남에게 지기도 해 봐야 한다. 나는 간혹 모든 것을 다 잘하는 1등만 하는 아이를 보면 걱정이 된다. 처음으로 2등을 하게 되는 날에 이 아이는 어떻게 이겨낼까 걱정이 되기 때문이다. 행동이 올바르고 실수하지 않는 사람은 한 번의 실수나 평판에 목숨을 던지기도 한다. 지는 법도 배워야 이기는 것이다. 자녀를 지게 하자. 지고 나서 웃을 수 있는 여유가 있고, 모진 야단에도 수긍하고 자신을 단박에 꺾을 수 있는 마음을 심어주자. 가장 사랑하는 부모에게 정당한 모진 야단으로 단런 중인 자녀는 '대신 꿈꾸지 않기, 대신 살아주지 않기'의 준비가 잘 되어 가고 있는 것이다. 이 훈련을 해 두지 않으면 주변인의 어감이 조금만 강해져도 거부하거나 도망가게 된다. 직장 상사에게 욕 한 번 먹고 좋은 직장 때려치우는 사람은 대개 일명 일류 대학 출신들이다.

나는 칭찬이 중요한 사람이었다. 칭찬이 중요하기에 사람들의 평가에 반응하던 사람이었다. 살다 욕을 왕창 먹은 적이 있다. 그 다음부터 진짜 사람되어가고 있다. 어떤 것과도 바꾸고 싶지 않은 좋은 시간이었다. 많은 것을 배운 시간이었다. 나는 우리 집 아이들이 욕도 먹고 살기를 바란다. 욕이 약이 되는 인생의 역설을 배울 수 있기를 진심으로 바란다. 지는 것도 배우기를 바라고 패배 속에 아픈 밤도 보내 보기를 바란다. 그리고 꼭, 떠오르는 새벽 태양의 가치를 만끽할 재목이 되길 바란다. 그래서 나는 오늘도 어떤 일이나 어떤 태도에는 모질게 야단도 친다. 우린 그런 사이다.

대신 총대 메지 맙시다.

시골의 친정어머님이 자녀가 다섯이나 되는 나를 보며 여러 감정이시다. "여러 놈이라 이놈 저놈 다 예쁘고 좋지." 라며 기특해 하시기도 한다. "애 키울 때가 재미지다." 며 잘 했다고도 하신다. 또 한 가지 감정은 이 좋은 세상 애 조금만 낳고 제 즐거운 일 좀 하지 막내가 아직도 4살이니 40대 중반에 들어온 딸이 언제나 제 인생 즐기나 걱정이시기도 하다. 우리 집을 바라보는 어머니의 주제 속담은 "가지 많은 나무 바람 잘 날 없다." 이다. 주제 동화는 우산 장수와 짚신 장수 아들을 둔 어머니의 난감함을 다룬 전래 동화이다. 이 놈이 잘 되도 저놈이 걱정 되는 것이 부모 속이니 자식이 많을수록 편할 날이 없다는 말씀이시다.

만약 내가 '대신 살아주지 않기, 대신 꿈꾸지 않기'를 몰랐다면 어머님 말씀대로 나는 좋고도 나쁜 그 어느 지점에 위치해 있었을 것 같다. 강한 헌신 이후 허무하기도 하고 애착 기간이 지나고 점점 독립해가는 자녀들이 서운하기도 하고 노력대비 결과가 미미할 때 속상하기도 했을 것 같다. 그런데 한샘이 덕분에 출발된 '대신 살아주지 않기, 대신 꿈꾸지 않기'가 나를 살렸다. 근심 걱정이 없다. 까딱 잘못하면 아이들 짐을 내가 다 지고 갈 뻔했는데 그 일이 아이들 각자의 몫이 되었다. 시골 어머님께 내가 근심 걱정을 하지 않는다고 말씀드리지만 안 믿으시는 눈치시다. "뭔 부모가 자식 걱정을 안 할 수가 있나?" 어머니는 진심으로 내가 노모 걱정해 거짓말을 하는 줄 아신다.

아이 인생의 총대를 아이 자신에게 빨리 맡겨주고 나는 구경하며 떡을 얻어먹고 싶다. 아이가 꽃신을 신고 비단길을 가진 않아도 행복한 사람으로 살아가길 바란다. 자신의 결정권을 적절히 잘 사용하고 자신의 독립성을 확보한 다음에 사람들과 연합하기를 배우게 하고 싶다.

유대인 교육이 물고기 주는 것이 아닌 물고기 잡는 방법을 가르치는 것이라는데, 자녀에 대해 애절하면 애절할수록 자녀의 인생을 자신이 선택해 가도록 맡겨야 한다. 자녀를 위한다는 명목으로 자녀의 성적에 목매는 부모들이 자녀를 잃어버리는 것을 많이 봤다. 사랑에 목맨다면 자녀를 얻을 수 있다. 자녀를 늘 도와야 하는 부실한 영혼으로 보지 말고 자신의 길을 잘 찾아갈 친구로 지켜보며 인생을 함께 걸어가기를 권한다.

자기 인생이 맡겨졌다. 잘해낼 것이다.

Chapter 05

공동체 주기

Let
Them
Be

한두 명을 향해 열심을 내는 양육보다 효과적인 선물은 자녀에게 공동체를 만들어 주는 것이다. 빠른 공동체 경험은 한 아이의 건강한 성장에 지대한 도움을 준다. 다산이나 입양을 통한 공동체 형성 또는 동네 친구들과의 공동체 형성은 소중한 보물이 된다. 싸우고 화해하는 법은 말이 아닌 공동체에서 배울 수 있다. 함께 살아가는 행복을 배울 수 있다.

최고의 신붓감, 최진사 댁 셋째 딸

자녀에게 해주고 싶은 많은 것들이 있지만 그 중에 최고의 선물은 공동체 주기이다. 과거 우리나라의 집집마다의 가족 수는 다섯 이상이 많았다. 보통 3명 정도 씩은 낳았다. 집에 있어도 공동체였고 골목길에 나가도 공동체였다.

경제 개발이 인구정책에 의해 판가름 난다고 오판한 세대가 인구감소정책을 추진했고 어언 60여 년의 세월 동안에 인구가 심각하게 줄어가고 있다. "아들 딸 구별 말고 둘 만 낳아 잘 기르자." 던 구호가 하나로 줄고, 아들을 선호했던 부모의 욕심에 많은 딸들이 빛도 못 보고 죽어갔다. 이 때문에 "잘 키운 딸 하나 열 아들 안 부럽다." 까지 외치다 이제는 초저출산 국가가 되었다.

1962년부터 주도한 정부규모의 인구증가억제 정책은 1960년대 합계 출산율 6명을 1980년대에 2.83명까지 낮추었다. 합계 출산율은 여성 1명이 평생 낳을 것으로 예상되는 평균 출생아 수다. 80년대 후반 1.53명, 2000년대 1.30명, 2016년 1.17명으로 OECD 국가 중 꼴찌다. 만학과 만혼이 만들어낸 고령 출산에 영향을 입은 저출산 추세는 앞으로도 가속화 추세다.

최진사 댁 셋째 딸이 가장 예쁜 이유를 공동체로 해석해 봤다. 첫째는 주로 착하고 순종적이고 둘째는 경쟁적이고 야무지고 셋째는 위에 형성된 2명에 자신까지 3명의 공동체를 형성하며 사리판단이 빠르고 애교가 있고 지혜롭다. 미녀와 야수의 벨도 아빠를 가장 위하는 셋째 딸로 나오고, 빨간 장화신은 고양이의 고양이 주인도 셋째 아들이다.

우리 집이든 남의 집이든 아래로 내려갈수록 약고 눈치 있고 예쁘다는 말을 듣는다. '간에 붙었다 쓸개 붙었다.'는 말의 원래 의미는 나쁘지만 이 녀석들은 탁월하게 간과 쓸개를 구별하고 다 두루 사용한다. 셋째 아래는 몇 배씩 더 탁월해지는데 간혹 망치는 경우는 딸을 줄줄이 낳은 다음에 태어난 귀한 막내아들이다. 물론 남존여비사상 없이 그냥 막내로 키우면 아주 우수한 존재가 된다. 여성들의 심리도 잘 알고 대화도 잘하는 특이한 남성이 탄생한다.

때문에 아이 자신에게 줄 최대의 선물은 바로 많은 남매들이다. 몇째가 되었든 위아래로 줄줄이 있는 남매들은 공동체를 형성한다. 아이를 가능한 한 많이 낳아야 한다. 많아져서 부모의 관심과 개입, 걱정은 줄이고 공동체 속에서 스스로 살아가게 해야 한다. 자기들끼리 싸우고 화해하는 법을 배우게 해야 한다.

겨울 방학 중 셋째 한이가 여러 이유로 혼자 있게 된 날이 있었다. 밤에 가족이 다 모여 외로웠냐며 한 명만 같이 있었어도 외롭지 않았을 텐데 하고 위로했더니 "한 명이라도 있으면 외롭지는 않은데 3명이 모여야 즐거워요. 그런데 진짜 재미있는 건 4명 정도가 모여 있을 때 진짜 재미있어져요."라고 말했다.

놀이공원을 걸어보면 처음 보는 사람들인데도 즐겁게 웃는 사람들의 왁자지껄함이 좋다. 기분이 좋아진다. 동일한 장소에 나만 걸으면

어떤 기분일까 상상하면 한이 말대로 나 역시 외로움이 절로 밀려온
다. 함께 풀어가는 법을 잘 몰라 꼬여 그렇지 우리는 모두 사람을 즐
거워하고 공존하도록 공동체로 만들어 진 존재들이다. 가정에서도
사회에서도 함께 살아가는 것이 행복이다.

한비 입양으로 더해진 행복

아이들 세 명이 넘어야 공동체로 볼 수 있다. 그리고 숫자가 많아질수록 아이들 전체가 다 잘 자란다. 우리 가정이 세 명을 낳고 넷째를 입양 하려 할 때 우려의 목소리 중 하나로 집 형편도 좋지 않은데 세 명 먹을 것을 네 명이 나눠 먹으려면 나쁜 상황이라는 경제 원리를 들은 적이 있다. 그러니 나중에 형편이 좋아지면 입양을 하는 것이 좋지 않겠냐는 의견이었다. 나는 "제 먹을 것은 제가 가지고 태어난다." 는 조상님들의 명언을 믿고 많이 낳을수록 더 잘 자란다는 걸 믿는다.

한비 입양을 통해 가족 모두가 큰 축복을 누렸다. 엄마 아빠의 가슴에서 태어난 한비 덕분에 우리가 축복을 받았다. 사랑을 배우는 것이다. 마음이 넓어지는 것이고 사고가 확장되는 것이다. 우리 아이들과 주변사람들까지 입양은 특별한 일이 아니라 자연스러운 일이 되었다. 남들이 꺼려해서 경계를 세운 일에 담이 허물어 진 것이다.

셋째 한이가 주변의 여자 어른들에게 자연스레 묻는다. "이모는 결혼하면 몇 명 낳고, 몇 명 입양 하실 거예요?" 우리 아이들 모두 나중에 입양하면 좋겠다고 하니 다들 생각해 보겠다고 한다. 자기 배우자들이랑 이야기해야 하니 미리 결정할 수 있는 일이 아니지만 열린 마음으로 두려움 없이 접근하고 실행해 갈 것이라 본다.

우리는 넷째 한비를 공개 입양했다. 우리 한비는 배도 안 아프고 공짜로 받은 특별한 선물이다. 넷째라는 공동체의 중요한 자리에서 잘 자라고 있다. 어린이집 원장님도 한비, 한결이를 보면 극찬하시는데 여럿이 자라 그런지 다르다며 너무 예뻐하신다.

나는 "한비는 엄마의 뜨거운 사랑의 가슴에서 태어났다."고 늘 설명해왔다. 한비를 위해서도 다섯째를 아들로 입양하려 했는데 한결이가 2년 터울로 생겨서 샘솔이비결 중에 혼자 입양인 상태이다.

2017년 가을, 도심에서 떨어진 환경이 너무나 좋은 곳으로 이사를 오게 되어서 연장아를 입양하려 했으나 우리 집 경제 형편이 기준에 미치지 않아 서류심사에 떨어져 미루어졌다. 과거 한비를 입양할 때, 갓 태어난 아기를 최대한 빨리 만나 안정기를 잘 보내 잘 키워내야 한다는 마음이 있었다. 지금은 어떠해도 좋으니 내가 아이를 그냥 좋아하겠다는 마음으로 바뀌어 한이와 한비 사이의 연령으로 입양해도 좋겠다 싶어졌다. 한이가 다 키울 것이다. 나는 안고 뽀뽀만 해주어도 잘 자랄 것을 안다. 다섯 아이의 공동체가 너무 아까워서 더 입양하고 싶다. 미루어졌지만 연장아 아들을 입양하고 싶다. 그러면 나는 3남 3녀 엄마다. 수도 멋지다.

최근 언니, 오빠, 동생은 배로 자신은 가슴으로 태어났다는 것이 궁금해지는 한비를 봤다. 말로만 들었는데 최근 옆집 이모가 임신을 해서 배가 불러 오니 더 궁금해 했다. 이제 말할 때가 되었다 싶어 최근에 가슴으로 태어나는 상황이 무엇인지 말해 주었다. 한비를 몸으로 낳아주신 엄마와 아빠, 한비를 가슴으로 낳아 키우고 있는 엄마와 아빠를 설명해 주었다. 처음 듣던 날은 낳아주신 엄마는 싫고 김혜정 엄마가 좋다고 했다. 당연한 일일 것이다. 처음 듣는 또 다른 엄마 이야기이니 복잡하고 혼란스러웠을 것이다.

어색함과 난감함으로 3주 쯤 지나자 한비대로의 정보들을 통해 해석하고 정리해 가는 것을 보았다. 한비에게 "엄마는 한비를 이렇게 건강하게 낳아서 엄마 뜨거운 사랑의 가슴에 보내준 엄마가 너무 고맙다. 나중에 한비가 스무 살이 되어서 낳아준 엄마를 만날 수 있을 때 꼭 만나서 고맙다고 말씀드리고 싶다." 고 말했다. 그 순간 갑자기 눈물이 나왔다. 한비를 낳아주신 엄마는 적지 않은 나이에 출산을 하신 것으로 들었다. TV나 매체를 통해 입양 간 아이들이 잘 지내지 못한다는 내용이 나올 때마다 한비를 낳아 주신 엄마가 얼마나 조마조마하고 마음이 아플까 생각한다. 남의 일 같지가 않고 고맙고 짠한 마음에 한비가 빨리 스무 살이 되었으면 좋겠다.

한비가 내 눈물을 기억한다. 한 달이 되어 가면서 간헐적으로 주변 사람들에게 자신의 입양 구조를 설명했다. "너무 좋은 엄마가 한비를 낳아 주었고, 김혜정 엄마가 뜨거운 사랑의 가슴으로 한비를 낳고 싶어 해서 하나님이 보내 주셨대요. 내가 엄마 가슴에서 태어났어요." 하며 환한 얼굴로 설명하는 모습이었다.

며칠 전에는 목욕을 시키다가 "어떻게 이렇게 예쁜 딸이 엄마 딸이야. 엄마 딸로 태어나 줘서 고마워." 했더니 "한비를 낳아주신 엄마가 고마워서 울었지요?" 라고 한다. "그래. 나중에 같이 만나고 여행도 가고 친해지면 좋겠다." 하는 대답에 한비도 그러고 싶다고 했다.

우리 한비는 행복하고 한비의 행복을 바라보는 우리 가정과 친가, 외가, 동네 사람, 교회 사람들 모두 행복하다. 그리고 14년 뒤의 어느 날 한비를 낳아 주신 엄마와 아빠도 행복할거다. 한비라는 한 아이가 우리 집 공동체에 들어와 우리는 서로에게 복이 되었다. 한비가 없는 우리 집은 상상할 수 없고 우리가 없는 한비도 상상할 수 없다.

지금은 6살의 한비로 자신의 입양을 받아들였지만 성장하면서 다른 나이, 다른 상황에서 한비가 고민하고 힘들어 할 때가 생길 것이다. 그 때마다 지금은 엄청 싸워대는 언니, 오빠, 동생이 큰 위로가 되고 함께 있어 줄 것이고, 정신영 아빠와 김혜정 엄마가 언제나 함께 있을 것이다.

한결이 출산으로 배운 공동체

한비가 두 살 때, 예상치 않게 생긴 막내 한결이는 나에게 공동체가 무엇인지를 또 한 번 알려 주는 계기가 되었다. 한비 밑으로 아들 입양을 생각하고 있었고, 그것도 한비가 어느 정도 자라고 사랑을 충분히 받은 다음으로 입양 시기를 생각했었다. 엄마를 너무 좋아하는 두 살배기 한비에게 동생이 생겨 한비는 세 살에 두 살 터울의 여동생을 보게 되었다. 한비 입장을 고려해 봤을때 달갑지 않은 임신이었다. 또 한 가지는 내 나이 42살에 출산, 한이와 7년 터울 출산이니 나에게도 기쁜 소식은 아니었다.

우리 집 양육 특징상 1년 동안 엄마를 너무 좋아한다. 1년 동안 몰입하다가 그 시간이 지나면 다른 사람에게도 너무나 잘 간다. 한 아이에게 충분히 만족을 주고 싶어서 3년의 터울을 두었던 한샘, 한솔, 한이 거기에 입양으로 5년 터울인 한이와 한비에 비교해서 한비와 한결이의 2년 터울은 나를 난감하게 했다. 한비는 분리 불안도 조금 있는 터였다.

내가 정한 것이 아니고 하늘이 준 선물이니 어떻게 하겠나. 임신사실을 안 1시간 정도를 난감해 하다 훌훌 걱정을 털고 10개월을 채워 기쁜 마음으로 한결이를 낳았다. 그렇게 태어난 한결이가 한비의 인생에 들어와 1년여를 지나니 한결이의 말문이 트였고 말 그대로 둘은 절친이 되었다.

우리 자녀 다섯은 아들, 딸, 아들, 딸, 딸의 순서로 한비 한결이를 제외하고는 성별이 계속 바뀌었다. 거기에 나이는 3살, 3살, 5살, 2살 터울이다. 성별이 다르고 나이가 3~5살 이상의 터울이 나니 나는 열심히 키우는 엄마로 최선을 다했고 엄마의 손을 거쳐 아이들이 많이 성장해갔다. 그러다가 한비와 한결이는 2살 터울 딸과 딸로 두 사람은 친구가 되어 자란다는 것을 알았다. 충분히 충족시키려고 3~5년의 터울을 둔 나의 출산계획이 얼마나 실수였는지 아는데 13년이 걸렸다. 한결이 출산으로 뚜렷하게 알게 된 것은 줄줄이 많이 낳아야 한다는 것이다. 엄마가 손을 못 대고 자신들이 공동체를 형성해야 할 만큼 줄줄이 많이 낳아주는 것이 아이들에게 큰 선물이다.

내 인생 자녀 출산에 대해 너무 좋고 감사한 일은 5명을 낳은 것, 그 중에서 한비를 낳은 것이다. 후회 막급한 것은 터울을 너무 띄워서 양육기간이 길었고 아이들 스스로의 공동체에 내가 너무 많이 개입했다는 것이다.

옛날에는 아이 낳고 모유수유 1년이 지나고 가임상태가 되어 동생이 1살에서 2살 터울로 태어나는 경우가 많았다. 조물주의 자연 출산구조는 1~2년 간격으로 줄줄이 많이 낳는 것이다. 그것도 모르고 내가 계획하고 조종해서 13년 동안 5명을 낳느라 시간도 쓰고 애도 썼다. 타임머신이 있다면 돌아가서 줄줄이 더 많이 낳고 싶다.

싸우고 화해하기

　주변에서 아기 띠를 하거나 유모차를 태우는 시기의 아기 엄마들이 두세 집씩 친하게 지내는 것을 본다. 서로 힘든 시기이니 우울함도 덜고 애들 친구도 만들어 주고 육아 정보도 공유할 겸 서로의 아이뿐만 아니라 다른 집 아이의 이모가 되어 같이 어울려 키운다. 보기 좋은 모습이다.

　이렇게 함께 키우다가 2~3년차에 서로 덜 만나지게 되는데 이유는 아이들의 개인 특성이 드러날 때 자아가 세지면서 아이들의 싸움이 잦아지기 때문이다. 이것을 견디지 못하는 것이다. 집에서 엄마와 둘이 있는 아기는 순한 아이인데, 친구들 속에서 싸우고 당하고 울고하니 힘들어진다. 내 아이와 상대 아이의 기질이 다르고 더하여 자아가 강해지면서 싸움이 생긴다.

　싸움을 중재하는 과정에서 본인의 아이의 상황이나 감정을 편드는 상대 엄마에게 상처 받고 질려서 점점 멀어지게 된다. 사촌 아이들 싸움에 친자매들이 싸워 일정기간 보지 않기도 한다. 아이들의 싸움이 어른의 싸움이 되어 상처 받고 가족 모임의 문제가 되는 경우를 심심치 않게 본다.

　하지만 아이들은 이 시기에 싸우고 화해하고를 반복하며 성장하게 된다. 고집과 떼를 부리면 친구가 나를 싫어하고 멀리한다는 것도 배우고 웃고 행복하면 친구가 같이 웃는다는 것도 배운다. 그런 시기에 공동체를 멀리 하고나면 엄마와 참한 첫째 아이는 단 둘이 지내게 된다. 그래서 그런지 애지중지 키운 노력 대비 첫째 애들이 더 약하고 더 둔하다. 착하고 여리고 책임감은 강하나 고집이 있고 말이 잘 통하지 않는 편이다.

둘째, 셋째 아이는 위에 만들어진 공동체에 합류하여 눈치도 보고 욕도 먹고 버려지기도 하면서 살아남아 점점 더 유능해진다. 시간이 지나 엄마들의 반응을 보면 '그냥 항상 기뻐하기'에서 말했듯이 첫째 자녀 보다 둘째, 셋째 자녀를 주로 더 예뻐하고 있다. 첫째에게 빠른 공동체 진입이 있었다면 더 좋았을 것이다.

친가, 외가, 이모, 고모, 삼촌들은 정확히 공동체라고 보긴 어렵다. 자녀와 동 연령대 1~5살 안짝의 나이어야 한다. 우리 첫째 한샘이와 다섯째 한결이는 13살 터울이고 한샘이는 한결이에게 아빠 같다. 서로의 생활권이 달라 서로 만날 일이 별로 없고 어쩌다 만나면 한샘이는 직장 다니는 아빠가 자녀 안 듯이 안아 보고 싶어 하고 한결이는 도망간다. 간혹 한결이가 "아빠." 하고 부르며 장난도 친다. 한결이는 정말 어른에게 대하듯 오빠를 피해 도망간다. 한샘이는 한결이와 절대 싸우지 않고 다 받아주기에 공동체 무리로 보기 어렵다. 고통도 없고 기쁨도 없다.

7살 터울인 한이 오빠와는 치이고 싸우고 울고 고자질하면서 공동체로 자라고 있다. 특히 2살 터울인 한비 언니와는 엄청 싸우고 엄청 친하다. 한비가 매섭게 "한결이!" 하고 외치는 소리를 자주 들을 수 있고 한결이의 "한비 언니가~." 라며 고자질 하는 소리도 자주 듣는다.

싸운 직후 둘은 내 립스틱을 몰래 같이 바르고 같이 핀도 꽂으며 멋을 낸다. 같이 손잡고 동네 여행을 떠나 남의 집에 가서 같이 밥을 얻어먹고 온다. 둘이 그렇게 싸우다가도 남의 집 애랑 한 판 붙으면 당장 한 패가 되어서 그 집 애 눈에서 눈물을 빼놓는다. 넷째 더하기 다섯째, 꼭 아홉째의 힘이 나오는 것 같다.

한비 동네 친구 정훈이네 집에 한비와 한결이가 가면 맛있는 것은 다 찾아 얻어먹고도 더 달라 해서 먹는다고 한다. 함께 연합 작전을 펼쳐 친구에게 장난감을 달라고 꼬드겨 얻어오기도 하고, 그 집 부모님을 감동시켜 원하는 것을 선물로 받아가지고 돌아온다. 들고 나가지 않고 들고 들어온다. 마음씨 좋은 그 집 식구들 다 털릴까봐 자주 못 보낼 지경이다.

'공동체 주기'의 세부적인 참고사항

첫째, 많이 낳는다.

우리나라는 현재 초저출산국가이다. 산간농촌어촌에는 아이를 보기가 어렵다. 최근에 제주도에 간 적이 있었는데 마을을 둘러봐도 애들 걸어 다니는 것을 보기 어려웠다. 학령기 아이들 뿐 아니라 길에 엄마와 다니는 아기나 어린이를 본적이 없다. 버스 있는 곳 쯤 와서 하교 길 어린이들을 보니 안심이 되고 기분이 좋았다.

국가 경쟁력을 위해 다산이 장려된다면 개인 가정의 경쟁력을 위해서도 다산은 중요하다. 서로 간에 좋은 영향을 주고받고 특별한 인재 출산 가능성이 높아진다. 한두 명을 낳아 잘 가르치겠다는 일념이 만학, 만혼, 저출산을 가속화하고 있다. 이대로 가면 가정도 국가도 위험하다. 많이 낳고 각 가정과 자녀의 상황에 따라 다르게 키우는 것이 좋다.

성경은 자녀가 많은 것을 복이라고 말하고 있다.

> "보라 자식들은 여호와의 기업이요 태의 열매는 그의 상급이로다. 젊은 자의 자식은 장사의 수중의 화살 같으니 이것이 그의 화살통에 가득한 자는 복되도다. 저희가 성문에서 그들의 원수와 담판할 때에 수치를 당하지 아니하리로다." (시편 127:3-5)

둘째, 입양한다.

입양은 어렵거나 위험한 일이 아니다. 입양은 쉽고 좋은 일이다. 한 인생에 엄마 아빠를 선물하는 일이다. 입양아는 다른 과정을 거쳤을 뿐 똑같이 존귀한 아이다. 부족하거나 더럽거나 악하지 않다. 나와 다르지 않고 내 몸에서 태어난 아이들과 다르지 않다. 행복을 누려야 하고 사랑을 받아야 하는 특별한 존재이다. 내가 낳은 아이와 입양아 사이에 다른 감정이 있을까 고민하는 분들이 있던데 똑같다.

몸으로 낳은 아이를 진심으로 사랑한다면 가슴으로 낳은 아이를 진심으로 사랑할 것이다.
몸으로 낳은 아이를 버거워한다면 가슴으로 낳은 아이를 버거워할 것이다.
몸으로 낳은 아이를 불안해한다면 가슴으로 낳은 아이를 불안해할 것이다.

위의 세 문장은 병렬형식이다. '가슴으로 낳은 아이를' 바로 뒤에 '더'라는 글자를 붙이면 더 정확하다고 본다. 나는 한비를 특별히 더 사랑한다.
여러분도 할 수 있다. 권하기는 둘 정도 낳고 셋째부터 입양하면 좋겠다. 첫째 둘째 사이의 경쟁구도는 집집마다 나타난다. 부모로의 경험도 쌓고 셋째라는 좋은 자리를 입양 자녀에게 주기 위해서이다. 또는, 요즘 특별한 육체적 문제가 없는데도 불임인 경우가 늘고 있다.

첫째를 입양해 키우며 낳는 것도 방법 중 하나라고 본다. 아이들 순서에 따른 문제들을 입양 유무로 돌리지 않고 사랑하며 기다린다면 다 잘 클 것이다. 더 가슴이 넓은 아이로 클 것이다.

셋째, 열심히 키우지 않는다.

1년만 열심히 키우고 그 다음부터는 대충 키우기를 권한다. 1년은 안정기로 팔목 관절이 나가도록 안아주고 잘 해 준 다음에 평생을 이웃집 아이 키우듯이 키우기를 권한다.

돈도 많이 들이지 않는다. 돈을 들일수록 아이는 엇나간다. 부잣집 재산싸움은 유명한 싸움 구경이다. 너무 기품 있는 좋은 부잣집도 많겠지만 대부분 돈으로 키우면 사람을 버린다. 사람은 사랑을 먹고 자라는 것이다. 사람은 사랑 받을 때 행복하도록 태어날 때부터 그렇게 만들어졌다.

감정은 채우고 환경은 어렵게 만들어 주는 것이 좋다. 기뻐하고 믿어주면서 어려운 상황이 개천에서 나는 용을 만들 수 있는 환경이다. 척박한 환경은 더 깊은 뿌리를 요구하기에 깊이 있는 인간이 창조된다. 난세에 영웅이 나는 이유이다.

부모가 열심히 키울수록 아이는 덜 열심히 자란다. 열심히는 자기 스스로 하게 해야 한다. 게으르면 망한다는 것도 아이 때 배워야 한다. 부모가 뒷감당하다 뒤늦게 크게 망한다.

아들이 둘 있는 집들은 주로 큰아들을 가르친다. 둘째는 자유롭게 놀며 공부도 열심히 하지 않는다. 시간이 지나 사회 직업구조가 바뀌어갈 때 첫째는 조기 퇴직 후 새 일을 찾지 못하고 둘째는 산전수전 겪은 경험으로 도전하다 성공한다. 많은 집에서 실 사례로 보여주고 있는 열심히 키우지 않고 성공한 이야기이다.

넷째, 싸움은 좋은 것이다.

어른들은 아이들이 싸우는 소리를 싫어한다. 싸우는 것은 나쁘다고 생각한다. 인간과 인간의 관계가 깊어지려면 싸우지 않는 것이 나쁜 것이다. 어느 단계를 넘어서 서로 다른 존재가 되어 눈만 봐도 알겠고 척하면 척하는 사이는 드물다. 개인적인 연륜과 세월이 필요하다.

아이들이 살아있다면 당연히 싸우는 것이다. 아이들은 싸우고 나서 아주 빨리 화해한다. 놀라운 감정회복 능력이다. 솔직하게 소리 지르고 싸운 다음 다시 같이 놀고 싶어 한다. 가정 내 공동체든 외부 공동체든 아이들이 싸우게 하자.

싸우고 나면 이르고 그 이후에는 시시비비를 가리는 심판이 시작되는데 이것이 가장 큰 문제이다. 아이들이 전달하는 내용이 다 다르다. 어린이들은 이기적인 것이 아니고 자기중심적인 존재이다. 전체를 보지 못하고 자기를 중심으로 사고하고 행동한다. 오보가 속출하고 편집이 심하다. 다 자기만 억울하고 상대 친구가 나쁘다는 내용이다.

권하기는 시시비비에 시간 많이 쓰지 말고 "어이, 그래." 하고 감정을 한 번 받아 준 다음에 친구도 속상하니 서로 "미안해." 하고 빨리 놀라고 보내는 것이 좋다. 그렇게 보내고 몇 분이나 몇 십분 안 되어 또 싸우고 온다. 그럼 다시 감정 받기와 놀라고 보내기를 빠르게 반복한다. 이런 경험이 쌓일수록 점점 싸움의 빈도 강도가 줄어들며 싸울 줄도 알고 사랑할 줄도 아는 건강한 아이로 자라가게 된다.

다섯째, 나쁜 친구나 나쁜 배우자는 없다.

부모님들은 내 자녀를 좋은 사람으로 키우고 싶은 욕심에 나쁜 친구를 싫어하고 나쁜 배우자를 싫어한다. 친구든 배우자든 내 자녀가 좋고 끌려서 사귄다. 좋아진다는 것은 자신의 감정, 인생목표, 친밀도 등이 같은 것으로 기호도가 맞기 때문이다. 내 자녀가 어떤 존재로 자라가며 그 존재에 어울리는 어떤 존재를 좋아하고 선택한다. 친구를 선택하고 배우자를 선택한다.

자녀의 선택을 존중하고 내버려둬야 한다. 그 관계가 계속되든지 시간과 사건 속에서 멈추든지 자녀의 선택이다. 개입해서 갈라놓거나 잔소리를 늘어놓을수록 자녀는 엇나갈 것이다. 자녀의 결혼을 너무 거세게 반대해 자녀의 마음에 한을 남기는 부모들을 많이 봤다. 사랑이라는 이름의 폭력이라고 본다.

나쁜 친구나 나쁜 배우자는 없다. 좋다 나쁘다는 것은 부모의 기호도이다. 비뚤어진 부모의 욕심이 있을 뿐이다. 자녀의 인생 선택은 사람 선택의 시간들이다. 자녀를 기뻐하듯이 자녀의 친구도 배우자도 같이 기뻐하는 것이 가장 좋다.

여섯째, 부모님의 개입이 배제된 자연스러운 만남이 중요하다.

가정에 먼저 공동체를 이룰 남매가 있는 것이 좋다. 이것이 불가능했을 때에는 동네 친구가 가장 좋다. 자연스럽게 시간을 보내려면 아침저녁으로 만나지고 놀 수 있어야 한다. 골목, 놀이터, 각자의 집에서 자연스럽게 드나들며 친해지고 싸울 수 있는 관계여야 한다. 다음으로 학교나 학원친구인데 이들이 자연스럽게 만남의 종류와 빈도 장소를 정할 수 있는 자유가 필요하다. 부모는 집이나 간식, 이동 등을 돕는다.

부모에 의해 의도적으로 만들어진 공동체는 공동체로 보기가 어렵다. 가정, 학교, 동네에서 내 자녀가 자연스럽게 만들어 가는 것이 중요하다. 부모들끼리 좋은 친구를 만들어 주려고 형성된 모임은 그 모임이 다른 방향으로 갈 때 바로 결정권을 가진 부모들의 개입이 시작된다. 부모가 언제든지 개입될 수 있는 상황은 독자적인 공동체로 보기 어렵다. 공동체에는 필연적으로 문제가 생기고 이 문제를 어떻게 해결해 가는지가 중요한 일이다. 문제 발생과 화해의 모든 시간에 아이들이 주인공이 되어야 한다. 부모의 감정과 의견, 문제 해결 방법 등 개입이 클수록 아이들의 자생력은 없어진다.

집에 있는 자녀들 간에서도 많은 개입을 피하고 간단한 말로 가볍게 "다시 해봐." 하며 조언하는 것이 좋다. 친구 관계의 문제도 "네가 풀어 나가봐." 라는 입장이 가장 좋다.

가장 불쌍한 아빠

공동체 주기가 엄마와 아빠의 어떤 노력보다도 더욱 좋은 것이다. 우리 남편이 꼽는 가장 불쌍한 아빠 1위는 놀이터에 나온 첫째 애와 놀아주고 있는 지친 아빠다. 맞춰서 해 주는 거라 즐겁지 않으니 온몸으로 지루함이 드러난다고 한다. 아이는 아이대로 집에만 있다 아빠랑 놀이터 나왔지만 친구가 없는 식상한 놀이터 체험일 것이다. 더 빨리 더 많이 공동체를 만들어 주는 것이 더 잘 자라고 더 쉽게 키우는 비결 중에 비결이다.

다산을 적극 권장하고 입양을 더 적극적으로 권장한다. 한 가정에 자신의 공동체가 있다는 것은 백배 유리한 고지에서 출발된 인생이다. 과거에 여러 가지 정황상 다산의 환경 속에 있었고, 다산에 더하여 엄마가 다 키우는 것이 아닌 남매들이 함께 자라가는 구조 속에서 전 세대가 더 잘 키워졌다고 생각한다. 큰애가 키운 동생들. 언니, 오빠도 유능해지고 동생들도 자신의 살 길을 찾아 유능해진다.

예전에는 부모들이 바쁘고 고단한 삶으로 인해 '대신 꿈꿔주기, 대신 살아주기'를 못하는 구조였다. 자신의 삶을 자신이 헤쳐가야 하는 자생력을 가지고 우리의 선조들이 일제치하와 전후라는 불리한 자리에서도 지금의 한국을 이루었다. 한두 명이 잘 키워지기가 더욱 힘든 구조에서 방법을 몰라 헤맸다면 이제는 다시 예전의 다산국가로 돌아가야 할 때이다. 국가 경쟁력뿐만이 아니라 한 인간에게 주어진 첫 공동체의 소중함으로도 그러하다.

　뿐만 아니라 입양은 세상에 태어나 할 수 있는 아름다운 일 중에 가장 아름다운 일이라고 본다. 한 생명을 받아들이므로 엄마, 아빠라는 가장 중요한 존재를 선물할 수 있는 것이다. 혈연과 지연으로 묶인 사고가 깨어져 가고 있다. 범세계적 가족애의 시작으로 입양을 적극 추천한다.

　우리 주변사람들은 한비를 보며 그냥 사랑 받고 함께하면 잘 자란다는 것을 알았다. 입양이 특별한 일이 아니라 일상이 되어 두려움이 없어졌다. 입양 상황이나 입양아가 어떤 문제가 있는 것이 아니라는 것을 알았다. 주변사람들 역시 아이를 한두 명 출산하고 입양할 것을 계획하고 있다. 입양아들은 가족 내에서나 주변 가족 중에 또 다른 입양아들이 존재하고 함께 키워질 경우에 입양의 충격을 훨씬 덜 받는다고 한다. 우리나라에서 태어난 소중한 아이들이 한 가정이나 한 지역 공동체에 함께 공존함으로 더욱 아름다운 한국, 더욱 아름다운 가정을 만들어 갈 수 있을 것이라 본다.

　더 잘 자란다. 더 낳자.

Chapter 06

서로 축복하기 - 함께 행복하기

Let Them Be

자녀를 중심으로 사고하고 행동할 수밖에 없는 부모는 나도 모르게 높은 경쟁심을 가지고 있다. 못난 친구도 싫어하고 뛰어난 친구도 싫어한다. 내 자녀가 친구 또래 중에 특출나기를 바라는 마음이 있다. 하지만 인간은 함께 사랑해 갈 때 행복하도록 창조된 공동체적인 존재이다. 그러기에 함께 행복하게 더불어 살 수 있는지의 여부가 곧 탁월함이다. 그러기 위해서도 부모의 '서로 축복하기'가 선행되어져야 한다. 세상의 자녀를 품을 수 있는 너른 가슴이 필요하다.

이제는 '함께 행복하기'를 배울 시간

함께 커가는 자녀 세대를 향해 함께 행복하기를 원하는 마음이 곧 서로 축복하기의 마음이다. '서로 축복하기'는 '공동체 주기'를 위해서도 꼭 필요한 기본적인 마음이다.

모든 사람은 세상에 태어날 때 자신만의 독특한 성향과 삶의 목적을 가지고 태어난다. 다 다르게 태어나고 다 다른 생각을 하며 다 다른 것을 선택해 간다. 인간이라는 공통된 존재성 속에 다른 개성, 곧 무수한 다양성을 통하여 고유한 '나'라는 자신을 발견해간다.

인간의 홀로 존재할 수 없다. 뜻을 전달하는 글자, 사물의 모양을 흉내 내어 나타낸 글자인 중국 한자의 '인(人)자'는 육서 중에서 상형자로서 '다리를 벌리고 서 있는 사람을 본 떴다.'는 설과 '사람은 서로 의지하고 살아야 한다는 데서 서로 기대는 모습을 본 떴다.'는 설 등을 유래로 한다. 사람과 사람이 모여 사람이 된다는 것이고, 사람은 사람과 함께 살아가야 한다는 뜻이다. 다른 존재와 함께 공존함으로 내 자신도 존재하게 된다. 사람은 단순 무리집단이 아닌 공동체 속에서 자신을 찾도록 창조되었다. 사람은 자기 자신을 '홀로'와 더불어 '공동체'를 통해 인식하고 '나'이자 '대상을 통해 보는 나'로 태어난다. 사람은 거울이 없다면 자신의 얼굴을 보지 못하듯이 타인이라는 대상을 통해 거울을 보듯 나를 인지한다.

자녀의 어린 시절에는 부모가 중요했다면 성장해갈수록 친구, 스승, 연인이 중요한 존재가 된다. 부모의 한량없는 헌신이 필요한 시간에서 또래들과 함께 살아가기를 배우는 시간으로 접어든다. 서로를 탐색 모방하고 경쟁과 좌절을 경험한다. 공동체는 함께 하는 짜릿한 행복을 경험시키기도 하고 뼈아픈 거부를 경험시키기도 한다. 양육자와의 애착이 잘 형성된 행복한 어린 시절을 경험 한 이후라 해도 또래 공동체에 소속되지 못한다는 것은 견딜 수 없는 좌절로 다가온다. 홀로 살아가는 시간이 아니라 함께하는 시간으로 접어든 것이다.

학력보다는 공동체성을 가져야 인생이 행복하다. 가정, 학교, 직장 모두 공동체성을 가지고 더불어 사는 법을 배워놓지 못하면 실패한다. 혼자 탁월한 것보다 함께 탁월하기가 힘든 일이다. 함께 살기를 배워야 행복해진다. 학령기의 자녀가 1등이기를 원했다면 자녀가 성장할수록 친구들 속에 행복하게 살아갈 수 있기를 원해야 하는 것이다. 자녀가 더불어 살기를 배우기 위해서 부모에게 필요한 감정이 있다. 부모가 먼저 더불어 살아가는 것인데 '서로 축복하기'의 자세를 가지는 것이다.

부모는 운동장에 100명을 뿌려놔도 내 자녀를 한눈에 찾을 수 있다. 의도가 어떠하든 한 자녀의 부모가 되었다는 것은 팔이 안으로 굽게 되어 있다. 자녀가 평균 이상의 삶을 더 나아가 월등한 삶을 살기를 바란다. 100m 달리기를 한다면 최소 3등 안에는 들기를 원한다. 부모에게 내 자녀가 귀한 것은 당연한 일이다. 나의 천사로 태어나 오늘도 사랑을 나누고 있고 쌓인 추억도 무수한 존재들이기에 그렇다.

그러다 보니 자녀와 비슷한 또래 아이들을 볼 때 두 가지 마음이 든다. 하나는 내 자식과 비슷해 예쁜 것이다. 길을 가다가도 내 자녀 또래의 아이들을 보면 관심이 가고 유심히 봐 지는 마음이다. 또 한 가지 감정은 인간 내면에 숨어있던 꿈틀거리는 경쟁심과 시기심이다. 내 자녀의 친구 중에서 내 자녀가 어떤 위치이고 능력인지에 대한 관심이자 월등히 앞지른 아이들을 볼 때의 묘한 불안감이다. '누가 성적이 뛰어나지?', '누가 운동신경이 좋지?', '누가 인기가 있고 리더쉽이 있지?', '누가 제일 예쁘지?' 등 부모의 강렬한 집중력은 자녀를 중심으로 주변의 아이들을 자신도 모르게 경쟁대상으로 여기게 한다.

물론 부모 입장에서 부족하다는 마음이 드는 친구를 사귀게 하고 싶지도 않다. 초등학교에 입학하게 되면 더 심해지는데 동네, 학교, 학원 친구들 중에서 부모와 아이의 물적 또는 인적 환경의 여건이 괜찮은 집 친구를 친하게 지내도록 엮어주고 싶어 한다. 부모의 성품, 경제 능력, 학벌에 더하여 아이의 성품, 성적, 인간관계 등을 보는 것이다. 가정환경이 좋은 친구들을 엮어주고 싶어 하고 가정환경이 불우한 친구들을 피한다. 이유는 안 좋은 행동들을 배운다는 것이다.

그러니 부모의 마음을 감안해 자녀에게 딱 좋은 공동체는 이것이다. 내 자녀와 성격이 맞고 상황이 좋으며 착하고 능력 있는 부모 밑에서 잘 배운 자녀와의 공동체. 그 중에서 내 자녀가 리더십을 발휘하며 가장 돋보이는 공동체이다.

부족한 친구도 싫지만 너무 잘난 친구도 싫은 부모의 마음은 은근하게 때로는 대놓고 표출된다. 자녀의 친구들에 대해 좋거나 싫은 부모의 기준을 보여주는 것이다. 뛰어난 다른 아이를 중심으로 내 자녀를 비교해서 자녀를 야단치고 윽박지르는 행동 또한 부모 속에 숨겨진 내 자녀가 더 중요한 마음이 역설적으로 표현되는 한 예이다.

자녀들은 또래 아이들 속에서 인격의 다양성, 의견대립, 여러 명이 놀기에 나타나는 세력 싸움 등을 통해 자신을 찾아가고 있다. 친구들이 나를 좋아하면 행복하다가 친구들이 나를 싫어하면 큰 슬픔을 경험하면서 자신이라는 존재가 어떻게 행동하는 것이 좋을지를 고민한다. 또래 공동체 속에서 삶을 배우는 중요한 시기이다. 친한 친구와도 늘 사이가 좋을 수는 없고 서로에 대한 감정도 여러 번 바뀐다. 싸우고 더 친해 질 수도 있고 싸우고 어색해져 멀어져 버리게도 된다. 이 시기에 한참 친하다 뜸해지는 친구도 있는 반면에 평생을 함께 갈 친구를 찾기도 한다.

어린 시절은 싸우고 화해하며 함께 자라가는 중요한 시기이다. 당사자들의 교우관계 변수의 어려움에 부모가 요인이 되어 변수를 더한다면 자녀가 공동체의 유익을 누리지 못하게 된다. 각 아이의 인생을 소중히 여기지 않고 내 자녀를 중심으로 움직이는 부모의 당연한 마음을 그대로 둔다면 우리는 큰 실수를 하게 된다. 함께 행복해야 할 생애를 내 자녀의 행복을 우선에 둠으로 함께 불행해지는 저주가 파생되는 것이다.

자녀의 친구가 무언가가 부족하고 문제가 있어도 함께 축복하며 기다려 준다면 시간이 가면서 서로를 돕고 사랑해 갈 수 있다. 아이들의 관계에 개입해서 평가하고 싫어하고 갈라놓는다면 내 자녀에게 친구는 없다. 또한 부모의 이러한 마음은 친구를 바라보는 내 자녀의 마음에도 독이 된다. 내가 이겨야 행복하다를 배운다면 실패한 인생이다. 친구의 단점이나 한계, 환경을 주목하며 나를 더 우월하게 여긴다면 사람을 잃어버리는 인생이다. 공동체는 '함께 행복하기'를 배우는 장이다. 공동체를 영위할 수 있다는 것은 자신과 친구의 공동의 행복을 찾을 수 있다는 말이자 자신의 인간됨을 찾아갈 수 있다는 말이다.

우리는 하나, 네가 곧 나

　공동체에 여러 정의 중 사전적 정의, 즉 공동체는 같은 관심과 의식으로 환경을 공유하는 사회집단이다. 믿음, 자원, 기호, 필요, 위험 요소를 공유하며 참여자의 동질성과 결속성에 영향을 준다는 것이다.

　기독교에서 공동체는 유기체와 동일한 의미로 사용되어진다. 성경이 말하는 커뮤니티는 손, 발, 눈, 코처럼 역할은 다르나 한 몸으로 이루어지는 공동체성을 이야기한다. 손, 발, 눈, 코는 다르게 생겼고 각각 다른 기능을 한다. 어느 것이 더 소중하고 덜 소중하고가 없이 하나의 몸으로 서로를 돕는다. 연약할수록 보호와 존귀함을 받아야 함을 말하며 각 기능을 하는 개인이 다른 지체와 우열을 가리는 것이 아닌 한 몸을 이루어야하는 유기체임을 말하는 것이다. 즉, 너는 다른 개체가 아닌 우리라는 한 공동체의 일원이자 우리라는 이름의 다른 나인 것이다.

　'끊어진 관계 다시 잇기'의 저자 래리 크랩은 25년 간 내적치유상담자로의 저명한 이력을 내려놓고 공동체를 고민한다. 외과의사와 같은 자신의 상담보다 영양이 풍부한 식탁에 앉은 환자의 회복이 더 빠르다고 절실히 느낀다. 한 개인은 다른 사람과 이어진 공동체성의 회복으로 변화된다는 것을 전한다.

　사람은 사람과 이어져 있다. 경쟁이 중요한 것이 아니라 협력이 중요한 것이다. 나의 인생, 너의 인생이 따로따로가 아니라 서로 하나의 몸으로 이어져서 결과에 영향을 준다. 다시 말해서 내가 행복하려면 네가 행복해야하는 것이다. 알고보면 인생은 100m 달리기가 아니라 이어 달리기인 것이다. 친구의 인생과 나의 인생이 하나인 것이다. 한국국민의 인생과 나의 인생이 하나이고, 세계인의 인생과 나의 인생이 하나인 것이다. 이 의식은 더불어 살기의 기본이고 행복하기의 기본이다.

나의 생명만큼 이웃의 생명을 소중히 여기고
나의 행복만큼 이웃의 행복을 소중히 여기고
나의 꿈만큼 이웃의 꿈을 소중히 여기고
나의 고민만큼 이웃의 고민을 소중히 여기고
나의 자녀만큼 이웃의 자녀를 소중히 여기고

이 말을 다시 공동체적으로 바꿔보면 이렇다.

너의 생명이 곧 내 생명이고
너의 행복이 곧 내 행복이고
너의 꿈이 곧 내 꿈이고
너의 고민이 곧 내 고민이고
너의 자녀가 곧 내 자녀다.

다른 집 자녀가 나의 자녀의 경쟁 대상이 아닌 너의 자녀가 나의 자녀가 되고 나의 자녀가 너의 자녀가 되어 함께 키우고 함께 자라가는 것이 행복한 사회이다. 자녀는 부모의 축복하고 함께 살아가는 모습을 자연스레 습득한다.

인생에 접하는 모든 사람들을 축복해 가는 자녀의 모습을 상상해 보자. 자신이 누구인지 알고 대상도 누구인지 아는 자녀, 대상이 우열의 존재가 아니라 공존의 존재임을 배워가는 자녀, 친구가 탁월한 일을 이루었을 때 함께 기뻐하는 자녀, 친구의 좌절의 시간에 곁에 함께 하는 자녀, 일에 전력질주한 후 신나게 놀 줄 아는 자녀, 함께 인생을 살아갈 친구가 있는 자녀.

이런 자녀는 경쟁보다 축복을 선택한 부모 곁에서 자란다.

축복하는 너른 가슴을 잃어버리지 않는 부모 곁에서 자란다.

한결이도 행복하고 한비도 행복한 천국생활

우리 한비가 한결이를 극복해 가야 할 때가 있었다. 한결이가 엄마 품에 젖먹이로 1년이 지난 후에 갑자기 입이 트였다. 걷고 뛰고 말하니 너무 예뻤다. 전에는 아기를 곰 인형 예뻐하듯이 한결이를 예뻐하던 한비가 엄마와 주변 어른들의 눈길이 한결이에게 갈 때 한결이를 미워하기 시작했다. 한비의 예쁜 외모를 아무도 따라갈 수 없다고 생각했는데 한결이가 의외로 귀여운 외모로 태어나기도 했다. 주변 어른들은 한결이의 찰떡같은 한 마디 한 마디에 감탄하여 탄성을 내질렀다. 한비를 주목하던 눈길들이 한결이에게 옮겨 갔다. 동생의 존재 가치가 너무 커지니 한비에게는 고통이었을 것이다.

한비가 "한결이!" 하고 외치는 앙칼진 소리가 자주 울려 퍼졌다. 괜한 일로 울며 떼 부리는 시기이기도 했다. 한결이가 3살, 한비 5살이 되던 해 나는 한비에게 "한비야. 천국은 나도 행복하고 너도 행복한 곳이야. 한비만 예쁨 받고 한비만 뛰어나고 싶은 마음은 한비를 더 괴롭혀서 한비를 더 불행하게 만들어 버릴 거야. 한결이도 한비도 같이 예쁨 받고, 행복하길 원해야 서로 행복 할 텐데. 어떻게 할래?" 하고 반복해 이야기했다.

한비는 같이 행복하기를 선택했다. 깜빡하고 한비만 행복해지고 싶을 때가 종종 있지만 시간이 지나가면서 한비는 같이 행복하기를 더 많이 선택해 가고 있다.

한비에게 이야기했듯 '서로 축복하기'를 설명하면 어린아이들이 더 잘 인정한다. 선택하고 수정보완해서 행동으로 실천한다. 어른이 될수록 위축되어 있고 위축된 만큼 또한 경쟁적이다. 누군가와 나를 수없이 비교하면서 우월의식이나 열등의식을 느낀다. 주변사람들 중에서 무언가로 가장 뛰어난 사람이 되고 싶어 옆 사람 제치고 빨리 뛰기가 준비 자세로 몸에 배어 있다. 버스 빨리 타고, 비행기 도착 전에 일어서 통로를 막고 서 있다. 인도에서도 부딪치기가 일쑤다. 급하고 바쁘다. 서양사 몇 백 년의 역사를 단숨에 넘어야 했던 우리 민족의 몸에 밴 고초가 아닐까 싶다.

빨리빨리 누구보다 먼저 움직이는 한 세대의 시대정신으로 지금의 고속 성장을 만들었고 지금은 그런 앞 세대의 노고를 누리고 있다. 하지만 그 과정에 생긴 문제는 우리 자녀 세대에 물려주지 말고 청산하고 떠나야 한다고 본다. 열심히 뛰어 혼자 정상에 도착한 후 지친 몸에 친구도 이웃도 없는 외롭고 고독한 인생을 물려주지 말아야 할 것이다.

사람은 태어나면서 다들 행복하기를 꿈꾼다. 더 가지면 행복한 줄 알았다가 함께 행복해야 한다는 걸 듣기는 하지만 가슴은 나도 모르는 열정적인 경쟁심으로 날 뛰는 것이 지금의 우리 모습이다. "사촌이 땅을 사면 배가 아프다." 는 그 사실을 버리지 못해 지금도 덜 행복하다. 대상을 인정하고 축복하고 사랑함으로 돌려받는 사랑이 사람을 행복하게 한다. 사람은 사람과 사랑할 때 너무 행복하다. 내가 너를 사랑하고 너도 나를 사랑해 주면 이보다 더한 행복은 없다.

혼자 정상에 도착하고 친구가 없는 인생은 외롭다. 가족도 친구도 성공도 다 필요한 것이다. 가정은 인생이 경험해 갈 공동체의 시작점이다. 인생에서 남는 것은 사람인데 가족만 남는다는 것도 슬프다. 친구도 남고 직장 동료, 상사도 남는 인생이 성공한 인생이다.

　이렇게 말하면서도 눈앞에 있는 콩 알 한쪽에 정신 잃고 전심전력하여 뛰어드는 나를 자주 본다. 정신을 놓고 나만, 내 자녀만 생각한다. 나도 내 아이를 키울 때 주변 아이들 속에서 내 자녀만 유독 사랑하는 나를 발견했다. 감성도 내 아이 편이고 사과 하나를 쪼개어도 더 큰 쪽을 자녀에게 주고 싶은 마음이 인지상정이라고 생각하기도 했다. 이 인지상정대로 계속 살아간다면 결국 다 함께 불행해질 거라는 것을 지금은 안다. 혼자인데 큰 쪽 사과를 주는 나나 큰 쪽 사과를 받아든 내 자녀나 무슨 행복을 느끼겠는가?

부모의 인지상정에서의 탈출

내 자녀 5명의 싸움 속에서도 교회사역 때문에도 서로 축복하고 함께 행복해야한다는 것을 배웠다. 이런 저런 이유로 많은 아이들을 동시에 돌보아야 할 일이 많았는데 모인 아이들은 모두 부모의 최고 사랑을 받는 다양한 성격의 귀한 자녀들이었다. 밝은 아이, 어두운 아이, 순한 아이, 센 아이, 장난기가 많은 아이, 얌전한 아이, 감정 회복력이 높고 친화력이 높은 아이, 감정 회복력이 낮고 친화력이 낮은 아이, 애착을 깊게 형성하는 아이, 애착을 얕게 형성하는 아이, 행복한 아이, 불만에 찬 아이 등등.

우리 아이들 5명은 엄마가 보아야 하는 이러한 모든 아이들과 다 함께 섞여 키워졌다. 피해와 유익을 주고받았다. 만약 내가 그냥 한 엄마일 뿐이어서 선택할 수 있었다면 감정이 힘들고 몸이 피곤한 이 상황을 피했을 것이다. 그러나 나는 피할 수 없는 사모 겸 전도사였다. 본인 집이 우울해서 우리 집의 밝은 분위기 특히나 밤이 시끌벅적한 것이 좋다며 9시까지 놀다가는 아이가 있었다. 집으로 돌아가자는 엄마 말에 싫다며 우는 아이들도 많았다. 우리 집에는 밥 먹고 상담하는 어른들과 놀다 가는 아이들이 끊이지 않았다. 우리 집 갓난쟁이를 안고 다른 많은 아이들 돌보기도 자주했다.

우리 집에 자주 오고 머무르다 보면 문제적 기질이나 행동을 보이는 아이들의 상태가 좋아졌다. 특별히 해주는 것이 없는 데도 좋아지면서 우리 집에 매일 오고 싶어 했다. 심심해하던 아이도 스스로의 놀이를 찾아가기 시작하고 자주 마음이 상하고 토라지던 아이도 마음 회복 속도가 빨라졌다. 화를 벌컥벌컥 내는 엄마에게 놀라 있던 아이도 큰소리에 놀라지 않고 적응하기 시작했다. 여러 아이들이 모여 서로를 더욱 좋아하는 것을 보았다. 아이들은 쉽게 사랑한다. 사랑할 준비가 되어 있다. 서로를 좋아하고 서로를 회복시킨다.

그러나 나는 아이들의 공동체라는 풍파를 뚫고 가야 했다. 내 아이에게 집중되는 마음을 내려놓아야 했다. 힘들었지만 좋은 시간이었고 지금은 그것이 나에게 큰 선물이 되었다. 많은 실패를 통과한 다음인데 그 아이들 전부가 나에게 선물이 되었다. 아이들 개인의 감정이나 슬픔이 내 것이 되고 내 아이와 남의집 아이의 벽이라는 차이가 무너져 간다. 긴 세월 걸린 일이다. 담의 높이가 점점 낮아져서 내 아이와 남의집 아이가 나에게 같은 아이가 되어가고 있다.

묘한 감동에 묘한 자유가 몰려왔다. 내 아이가 더 소중하지 않은 엄마가 갖는 감동, 예의가 아닌 진심으로 사과 큰 쪽을 줄 수 있는 마음이 생겼다. 내 자녀가 행복하듯이 이 녀석이 행복하기를 바라는 마음이 생겼다. 월등하고 뛰어난 아이를 부러워하던 마음이 사라지고 그 녀석이 대견하고 예뻤다. 불안정하여 칭얼거리는 아이를 보면 측은했다. '그래. 네가 원한 것은 아니었지. 내가 안아줄 수 있을 때는 널 꼭 안아줄게.'라는 마음이 들었다.

한비 입양이 더욱 이 길을 넓힌 것 같다. 내 아이를 포함한 모든 아이들이 한 아이로 이어졌다. 세상의 모든 아이가 내 아들 내 딸이었다. 나의 사랑을 먹고 자라갈 녀석들이었다. 전에도 묘하고 힘든 아이를 다른 사람들 보다는 잘 돌보는 편이었다. 하지만 속 깊은 곳까지 진심은 아니었다. 힘들고 싫기도 하고 지쳐서 안하고도 싶었다.

그런데 이 시간들을 거치고 난 뒤 심하게 독특한 아이를 봐도 그냥 귀여워지고 있다. 다들 혀를 내 둘러도 나는 그 애가 좋아지고 있다. 내가 그 아이를 좋아하니 그 아이도 조금은 이 마음을 아는 것 같다. 나는 1시간 잘해주고 1주일 보기 싫은 아이가 없다. 그냥 잘해주지 않고 내버려 둔다. 하고 싶은 것 하라고 두니 돌보기가 힘들지 않다. 말을 안 들으면 야단도 친다. 우리 집에서 놀 때는 우리 집 아이들이랑 같은 법이 적용된다. 가정마다 사는 법이 다르니까 살짝은 덜 엄하고 조금은 자애롭게 한다.

내 자녀만 이라는 아성이 무너지고 다 함께 내 자녀라는 생각이 자리를 잡으니 힘들다는 마음이 사라져 간다. 내 자녀는 하나님의 것이니 내가 안달복달하며 열심히 키울 필요 없고 남의 자녀는 하나님의 것이니 다시 나의 것이어서 더욱 예뻐진 것 같다. 다 함께 내 자식이 되어버린 것이다. 그리고 모든 아이들을 축복하는 마음이 생겨 간다. 잘 되고 행복하기를 바라는 마음이 생겨 간다.

내가 어미라는 묘한 인지상정에서 벗어나 누린 행복담이다. 그래서 적극 권하고 싶다. 내 아이를 향해 맴도는 중심점을 내려놓고 온 세상 아이의 엄마 아빠가 되어 축복한다면 분명 나도 자녀도 온 세상 아이들도 다 함께 행복하다는 것을 소리쳐 외치고 싶다. 나와 우리 아이의 끈끈한 끈을 풀고 가슴 고리를 열어 젖혀 세상 모든 아이를 품는다면 한 두 자녀로도 행복한 삶이 10명, 100명, 1000명으로 늘어나서 더 행복해질 것이다. 내 집 아이도 더 너른 가슴 방에서 성장하니 자기중심적인 인간감정의 습관을 벗어나 더 너른 사랑을 하고 더욱 자유롭고 행복해질 것이다.

　살다보면 주변의 다른 집 아이들을 내 아이처럼 돌보시는 분들을 만나게 된다. 아이들을 찾아다니시는 분들이다. 입이 열리고 주머니가 열린 분들이다. 그분들이 키운 그 집 아이들이 남다르게 살아가는 것을 보았다. 마음도 넓고 재능도 뛰어나다. 인간관계에서도 남다르고 다른 사람을 사랑하고 기다릴 줄 안다. 엄마와 아빠가 축복해 준 모든 복들을 그 자녀가 같이 누리는 것이다. 그 집에는 사람이 끊이지 않고 엄마와 아빠를 좋아하는 지인들이 주변에 같이 살아가고 그 자녀들을 사랑한다.
　또 살다보면 자기 아이만 끔찍이 위하는 분들도 본다. 그 집 아이도 남다르다. 높은 경쟁심을 가졌고 유능하다. 거의 모든 일을 다른 이보다 아주 잘하지만 함께 하지 못한다. 자신이 뒤처질 때 불안해하고 다른 아이들이 잘 되는 것을 볼 때 마음이 불편하다. 일등을 놓칠 때 좌절 한다. 친구와의 인간관계에서도 깊은 교제를 하지 못하고 외따로 노는 것을 본다. 성향이 되어 굳어지면 자신은 혼자가 편한 사람이라고 알겠지만 사람은 사랑할 때 행복하지 혼자일 때 행복한 존재가 아니다. 부모도 주로 혼자이고 자녀도 혼자이다. 가정에 누군가 찾아오는 일이 드물고 가정 중심의 사고가 더욱 굳어져 가족 결속력은 높지만 집안 분위기가 차갑다.

　부모가 축복하는 삶을 물려준다면 그 아이는 축복하는 삶을 살고 축복의 열매를 받을 것이다. 넓고 깊고 높게 보자. 자녀의 10년, 20년에 집중하지 말고 한 인생을 보자. 좀 더 천천히 가고 좀 더 불완전해도 되니 축복하자. 행복이 탁월인 것이다. 길을 잃지 않고 인생이라는 배를 함께 저어가는 방법이 '서로 축복하기 - 함께 행복하기'라고 본다. 그 시작은 부모라는 인지상정을 버리고 세상의 자녀를 품는 것에서 시작된다.

'서로 축복하기-함께 행복하기'의 세부적인 참고사항

첫째, 사람을 좋아한다.

사람을 자세히 보면 장단점이 나뉘고 영, 혼, 육이 나뉜다. 각자 마다의 개성이 다르고 기호도도 다르다. 나쁘게 보려면 나쁜 점이 많고 좋게 보려면 좋은 점이 많다. 좋아한다는 것은 감정이라 무조건 되지는 않는다. 하지만 사람에게는 선택이라는 능력이 있으니 싫어하기보다 좋아하기를 선택하고자하면 조금씩 더 좋아진다. 단점을 보지 말고 장점을 보자는 의미보다 그냥 통으로 좋게 여겨 가면 좋겠다. '나도 한 사람이고 저 사람도 한 사람이니 다 귀하다.'하는 단순한 마음으로 시작해보자.

인간관계에서 문제가 생길 때는 '티 하나만 손에 박혀도 아픈 나의 예민함 때문이려니……' 하고 넘어가면 어떨까 싶다. 다른 누군가의 흉을 자녀 앞에서 반복적으로 보는 것은 어리석은 행동이다. TV에 자주 보이는 사람도 안 된다. 엄마와 아빠의 생활권에 있는 사람도 안 되지만 자녀의 생활권 사람은 더욱 안 된다. 자녀의 친구나 선생님의 단점을 같이 이야기하는 것은 안 된다.

간혹 우리집 자녀들이 자기 생활권 속의 특정한 사람을 거론한다. 잠시 잠깐 자녀의 마음을 공감해 줄 수 있다. 하지만 곧 바로 "그 친구가 힘든가 보구나.", "선생님은 이러이러하실 것 같다." 라는 식으로 다시 보게 돕는 것이 중요하다.

둘째, 배우자를 사랑한다.

자녀는 부모라는 두 성인의 삶에 태어나 자란다. 처음으로 접하는 인간관계는 엄마와 아빠가 관계하는 모습이다. 두 사람이 주고받는 말이나 감정으로 언어를 배워간다. 엄마가 나에게는 따뜻하게 말하고 아빠에게는 차갑게 말한다면 자녀는 둘 다를 배운다.

우리 집 애들이 싸울 때나 동생을 야단 칠 때 내 말투로 말한다. 반면 동생을 돌보거나 위로할 때도 내 말투가 나온다. 더 자라버린 십대 애들은 자기의 어투가 있는데 6살 한비나 4살 한결이는 엄마와 거의 비슷한 어감으로 말한다. 모방의 시기이다. 정말 축복하고 사랑하는 모습을 본다면 쉽게 체득된다.

가족이 모이면 다른 가족 구성원에 대해 험담이 잦은 집은 자녀에게 독을 붓는 것과 같다. 특히나 엄마가 아빠를 아빠가 엄마를 싫다고 자녀에게 호소하고 공감을 요구하는 것은 우물에 독을 풀고 마시는 격이다. 세상에서 제일 사랑해보겠다고 결혼해 자녀도 나은 부모 두 사람이 실패한다면 누가 시도할 수 있겠는가 싶을 것이다. 자연스럽게 사람 싫어하기를 배워가게 된다. 하지만 두 사람이 사랑해 간다면 자녀 교육은 당연 성공이다. 배우자를 사랑하지 않는 사람은 그 배우자의 성격을 닮은 자녀를 사랑하지 못하는 저주에 빠진다. 배우자 축복하기는 자녀 축복하기의 시작이다. 두 번째 책으로 평생 웬수, '부부'를 다루려고 한다.

셋째, 우월감과 열등감을 버린다.

사람은 주변 사람들보다 자신이 조금만 나아도 우월하다고 느끼고 조금만 부족해도 열등하다고 느낀다. 결과에 집중하는 마음은 우월과 열등을 반복하는데 두 감정은 같은 출발선에 있다. 나를 다른 사람과 비교해서 평가하는 마음이다. 내 존재가 외부 환경에 너무 많은 영향을 받는다.

다른 사람이 나를 어떻게 보는지 과하게 의식하면 다른 사람의 시선이 중요해지는 삶이 된다. 자유가 줄고 얽매이고 끌려가게 된다. 칭찬이나 영광이 삶의 동기부여가 되고 나는 어떤 존재이고 뭘 원하는지 모르게 된다.

부모의 우월감과 열등감은 자녀에게도 반복적으로 일어난다. 의식과 초점이 자신을 중심으로 움직이기 때문에 비교의식과 경쟁심이 강해진다. 행복하기가 어렵고 다른 사람의 축복을 빌어줄 수 없다. 의도적으로라도 마음을 풀어가야 한다. 이웃을 바라볼 때 100m 달리기 경쟁자로 보기보다 이어달리기의 친구로 보는 마음, 여행의 동반자로 보는 마음이 축복하는 마음이다.

넷째, 돈 중심의 사고를 버린다.

돈은 사람의 인생에 너무나 중요한 사안이 되었다. 돈이 권력의 상징이다. 돈이 젊음이고 돈이 칭찬이 되었다. 나도 돈을 중심으로 뱅뱅 도는 사고를 멈추기가 너무 힘들다. 번쩍이고 단아한 사람들은 주로 돈이 있어 보이고, 누추하고 주눅 든 사람들은 주로 돈이 없어 보인다.

모든 존재가 같은 비중의 존귀함으로 태어났는데도 불구하고 돈이 영광과 수치의 중간에 서 있다. 문제는 의식은 아니라고 하지만 마음속에 뿌리 깊게 박혀 있다는 것이다. 골수까지 파고든 돈 중심의 사고를 버리지 않는다면 눈 먼 상태로 사람을 만나는 것과 같다. 사람 한 명 속에 있는 진정한 가치, 품위, 존귀함이 눈 떠지기를 간절히 바래본다.

나는 의도하지 않게 근래 전세 값이 가장 비싸다는 판교에서 2년을 살다 1년 전 용인시 처인구 양지면 대대리로 이사 왔다. 나는 가난했지만 이름에 프리미엄이 붙어있던 판교신도시 외각에 얹혀살다 시골에 와보니 길거리도 낡은 간판도 재활용센터도 공장도 모두 어색했다. 세련되게 꾸민 도시 부인들을 보다가 시골 아낙들을 보니 어색했다. 이곳에서 전원주택 사모님들이 간혹 보여 또 어색했다.

나의 어색함이 나의 치졸함이라고 생각한다. 가난을 민망해하는 마음이 깊숙한 곳에 존재하는 것이다. 돈에 의해 누군가가 더 빛나 보이거나 때론 더 부족해 보이나 보다. 내 자신과 싸우고 있다. 돈과 껍데기로 사람을 평가하지 않고 속을 보려 노력하고 있다.

길에서 사람을 만나면 살짝 머물러 유심히 본다. 내 아이를 낳았을 때 바라보았던 것처럼 한 사람을 본다. 내 방식대로 하는 인간존엄 연습하기이다. 그 사람의 겉모습이 사라지고 우유 빛 어린아이의 피부를 보는 기분이 든다. 한 사람이 인생을 살아가고 있다는 생각이 떠오르며 사랑스러움이 밀려온다. 인생의 여파인 주름이나 낡은 옷이 함께 측은해지는 마음이다. 평생 연습해야겠다. 깜빡하고 다시 돈을 중심으로 뱅뱅 도는 치졸한 나로 살진 않도록. 돈에 대한 중심점이 사라질 때 서로 축복하기가 쉬워진다.

공동작품

인생은 수학 답처럼 수치로 누군가의 인생 점수를 매길 수 없다. 그림처럼 각자의 다른 모양과 색깔이 필요하다. 능력에 의한 줄서기가 아니라 얼마나 나를 나대로 그려갈 것인가가 관건이다. 화창한 날, 비 오는 날, 평화로운 날, 전쟁하는 날, 웃는 날, 우는 날이 모두 있다. 각 아이마다 자신의 인생이라는 그림을 조심스레 즐겁게 그려가고 있다.

모든 과정들을 기다리며 바라보는 부모의 넉넉한 마음이 필요하다. 부모가 자녀의 인생그림에 훈수를 두고 붓을 든다면 그림의 완성도는 몰라도 그림의 개성은 사라질 것이다. 그리고 무엇보다 자녀의 그림은 아마도 개인 작품이 아니라 공동작품이 될 것이다. 인생이라는 그림을 친구, 연인, 배우자, 자녀와 함께 그려갈 것이다. 맹진할 일과 여유로운 휴가, 해가 쨍쨍한 날과 어둡게 폭풍우치는 날이 버무려져 그려질 것이다.

자녀가 자신의 공동체를 스스로 그려가는 시간은 부모의 서로 축복하기가 절실한 시간이다. 자녀와 함께 성장해 가는 모든 아이들을 축복하는 마음이다. 부모가 어린 시절부터 경쟁보다 협력을 가르친 자녀는 남다른 삶을 산다. 사람의 마음을 이해하고 위로할 수 있고 무엇보다 축복하는 마음 즉, 대상의 행복을 바라는 마음이 있기 때문에 리더로 자랄 수밖에 없다.

Let Them Be 자녀들을 내버려 둬라

최근 들어 여성적 리더쉽이 인기를 끄는 이유도 이중 하나이다. 여성들이 가진 공감과 친화력이 사업에도 유익한 작용을 해 CEO 선출 때 여성리더를 찾는 경향이 늘어나고 있다. 남성적 리더쉽이 강한 추진력과 역동성이 있긴 하지만 주변을 살피지 않아 사람을 잃어버리는 경우에 비교된 것이다.

사람은 여러 가지 이유로 경쟁적인 사람이 될 수 있다. 천성, 압박, 사회적 분위기, 사회 구조, 교육, 자녀의 순서, 강한 열망, 열악한 조건. 풍요로운 땅에 풍요로운 문화와 시간을 가진 사람들은 조금 더 덜 경쟁적이다. 협력의 우수함도 알고 있다. 실리콘밸리는 각 영역의 인재들이 모여 서로의 정보를 공유하며 개념설계에 해당하는 각가지의 커다란 그림을 완성해 내고 있다. 우리나라도 4차 산업혁명으로 넘어갈 새로운 인재를 바라고 있는 시기이다. 경쟁이 아닌 협력이고 나만 1등하는 능력이 아니라 함께 1등하는 능력이 필요하다. 축복이 곧 능력이다.

자녀를 무한히 축복하고, 자녀의 주변을 함께 무한히 축복해 낼 수 있는 부모 밑에서 이런 자녀는 자란다. 나의 성공만큼 친구의 성공을 위해 같이 피땀을 흘려줄 수 있는 자만이 끝까지 높이 갈 수 있다. 코 앞 만 보는 부모의 인지상정이 멀어지고 지평선 수평선 너머를 바라보는 너른 마음이 답이다.

축복을 뿌리면 축복이 돌아온다.

Chapter 07

믿어주기 - 자유주기

Let Them Be

인간은 홀로 살아가는 존재가 아니라 상호작용을 통하여 존재한다. 사람과 사람의 일차적인 관계는 믿음이라는 상호신뢰에서 비롯된다. 존재와 말, 약속을 믿는다. 어제 믿었고, 오늘 믿고, 내일도 믿을 것이다.

자녀를 믿는 것은 자녀를 사랑한다는 증거가 된다. 자녀의 주변사람들을 믿는 것은 세상을 두려워 말라는 증거가 된다. 부모 자신을 의심하는 것은 언제든 실수를 인정할 수 있는 겸손의 증거가 된다.

서로를 향한 믿음은 자유를 낳게 된다. 새로운 일을 겁 없이 시도하게 하고 삶의 영역을 넓히도록 돕는다. 결과에 집착하기보다 과정을 중요하게 여기고 실수했을 때 비난이 없다.

긴 시간 기쁘게 기다리는 마음, 믿어주기

인간은 존엄하다. 불완전하고 미성숙한 상태로 태어난다 해도 인간은 인간이다. 인간은 하나님으로부터 영, 혼, 육을 선물 받아 태어난 영존하는 특별한 존재다. 모든 인간은 인간이라는 공통분모 안에서 자기 개성이라는 색다른 개별성을 가지고 태어난다. 인간은 인간이라는 한가지만으로도 성별, 능력, 건강, 외모에 의한 차별을 받아서는 안 되는 존재이다. 개개인은 모두가 한 생애라는 각자의 시간을 선물 받는다. 그 생애 동안에 각자의 선호도를 가지고 선택할 수 있는 결정권을 갖는다.

갓 태어난 신생아가 숨을 쉬고 발가락 길이가 자라가고 놀라울 정도로 다양한 얼굴 표정으로 자신을 표현한다. 그러다 언어 폭발의 시기를 거치며 더욱 섬세하게 자기를 표현해 낸다. 유아 아동 청소년기를 거쳐 20대를 향한 폭풍 성장기를 거치고 청춘을 구가하다가 원숙한 시기까지 다양한 인생의 여정을 걷는다.

한 사람이 시기와 때, 환경에 따라 변화해 가는 모든 과정을 설레는 마음으로 기다려 주는 자세가 '믿어주기'이다. "너는 특별한 존재이고 나는 너를 사랑하는데 네가 어떤 존재인지 너무 기대되고 궁금해. 응원해." 라는 마음이다. 지도편달이나 길 찾기, 조종이 아니다. 부모의 못다 이룬 꿈을 대신 실현하는 것도 아니다. 너라는 한 사람이 너로 발견되어지고 탄생되어지기를 긴 시간 기쁘게 기다리는 마음이다. 너를 너로 살게 해 주는 선한 기다림이 바로 믿고 자유를 주는 것이다.

맞춤옷은 세상에 딱 한 벌 뿐이기 때문에 가치가 있다. 육체의 굴곡이 모두 계산되고 원하는 색감과 디자인을 고를 수 있기 때문에 가치가 있다. 내가 바라는 내 자녀의 모습을 미리 그려 놓는 것은 자녀의 맞춤옷을 미리 만들어 놓는 것과 같은 일이다. 당사자의 몸 치수와 의견이 들어가지 않고 부모가 만들어 놓은 맞춤옷은 아무리 고급 원단, 남다른 디자인, 최고의 기술력으로 제작되었다고 해도 아무 의미가 없다. 맞춤의 의미는 맞춤옷의 당사자 본인의 몸과 마음에 딱 맞아야하기 때문이다.

인생을 맞춤옷에 비교한다면 맞춤옷을 미리 만들 수도 없고 다른 사람의 치수로 만들 수도 없다. 자신이 자신의 몸과 마음에 맞게 원하는 시기에 좋아하는 취향에 따라서 선택하는 것이다. 인생은 다면적이라 긴 시간동안 계속적으로 변해간다. 시작할 때 끝을 잘 모르는 자신의 인생을 모험하듯이 걸어가는 것이다. 그러니 인생이라는 긴 시간의 맞춤옷은 자기 자신만이 만들어 갈 수 있다.

이렇게 자녀의 인생을 자녀가 살아가게 하고 부모의 간섭을 멈추는 것을 '믿어주기'라고 말한다. 자녀의 인생에 어떤 그림도 나의 의도를 넣지 않고 자신이 스스로 그리게 하는 것이다. 자신의 인생을 마음의 소리를 들은 후 시도하고 실패하기를 반복하면서 스스로 그리도록 믿어주는 마음이다. 자녀의 영혼을 한 독립된 영혼으로 바라보고 그 영혼이 자신의 인생 책을 써내려가는 것을 응원하는 것이다.

'믿어주기'에 따르는 '자유주기'는 단순 방치가 아니라 믿고 기다리는 마음이다. 믿어주기는 자녀에게 큰 축복이다. 부모가 내 자신을 믿어준다는 것은 성장해 가는 시기의 자녀에게 자신감을 주고 용기를 준다. 부모가 나의 존재를 믿어줄 때 자녀는 용감해진다.

'솔직하기'에서 문제에 대한 솔직함보다 중요한 것은 부모가 자신의 존재에 대해 그리고 자녀와의 관계에 대해 솔직해야 한다고 말한 바 있다. 그처럼 지금의 '믿어 주기'도 어떠함을 믿는 것이 아니라 그냥 자녀 그 자체를 믿는 것이다. 어리고 작고 미숙한 존재로서가 아니라 자신 안에 자신의 삶을 써내려갈 힘이 있는 작가라는 존재로 믿는 것이다. 어떤 종류의 작가로 믿는 것이 아니다. 어떤 글인지는 자녀 스스로가 써 가야 하는 것이다.

또 믿긴 믿는데 언제까지 믿고 결과 없을 때 비난과 간섭이 시작되는 것이 아니라 한 100년 믿어주는 것이다. 자녀 입장에서 큰 축복이다. 자녀가 걱정되어서 눈을 못 감겠다는 부모 밑의 자녀는 현실적으로도 자신의 삶이 걱정될 것 같다. 정신적 지주, 내 영혼의 시작이자 거울인 부모가 날 못 미더워 돌아가시지도 못할 인생이라니 자기의 인생이 걱정되는 것은 당연한 일일 것이다. 내가 눈을 감은 뒤 살아갈 너의 멋진 날이 훤히 보인다며 떠날 수 있다면 자녀 영혼에 믿음이라는 기둥을 세워주는 것이다.

믿고 발등 찍힌 적이 다들 있지만 믿을 것 중에 믿어야 하는 것이 자녀다. 사랑할 때 나타나는 양상 중에 제일은 '그냥 항상 기뻐하기'라면 두 번째는 '믿어주기'가 아닐까 싶다. 오늘 현실적으로 전혀 미더워 보이지 않을 때 이 아이의 속사람이 자신의 존재를 느끼고 만지고 증명해 낼 것을 믿어주는 것이다.

실은 안 믿어도 달리 방법은 없다. 의심하고 좇아다녀도 잘해야 초등학교 때까지지 그 이상 성장해 가는 인격체를 내면 외면으로 추적하거나 감시 조정할 수 없다. 믿어주기는 부모가 자녀 인생을 어떤 마음으로 바라볼 것이냐에 대한 선택의 문제이다. 자녀를 한 존재로 인정하기의 다른 이름이 '믿어주기'이다.

단지 결과로 결정을 미루면 산전수전 다 겪은 부모의 입장에서는 자녀의 좌충우돌, 게으름, 어리석음, 인내심 부족, 열정 부족 등을 들어 당연히 믿어줄 수 없다. 싹수를 보면 믿어주기가 힘들다. 믿어줄 만한 아이가 별로 없다. 지켜봐서 믿어줄 만하면 믿겠다는 마음으로는 믿어주기가 불가능하다. 위의 모든 난제, 자녀의 단점들도 자녀 스스로가 해결해가야 할 일로 맡기고 믿어주는 것이다. 자녀의 마음이나 행동이 부모를 이용하기도 하고 배신하기도 한다. 그래도 계속 끝까지 믿어준다면 대상은 그 믿음에 준하여 행동한다.

'사랑하고, 걱정하지 말고,
가만히 내버려 두라.'

    케네스 해긴의 '인생 승리의 길, 사랑'이라는 책에 이런 내용이 있다. 전도사역자이자 치유사역자인 목사 케네스 해긴에게 한 여성이 집회 직후 15살인 아들을 위해 기도해 달라는 부탁을 한다. "저는 과부인데, 열다섯 된 아들이 하나 있습니다. 제가 그리스도인이 된지 3년여 밖에 안 되었기 때문에 아들은 교회에서 자라지 않았습니다. 그 애가 하도 막무가내여서 그 애가 있으면 저는 아무 일도 할 수 없습니다. 밤늦도록 밖에서 놀다가 주로 새벽 3~4시에나 집으로 옵니다. 아들이 안 들어올 때 저는 침대에 누워 전화가 오기만을 기다리는데 당국에서 그가 마약을 하고 다른 몇 가지 일을 저질렀기 때문에 체포되었다는 전화를 할 것만 같습니다. 목사님께서 저의 아들을 위해 매일 기도해 주겠다고 저에게 약속해 주시면 좋겠습니다." 라고 요청을 한 것이다.

    해긴 목사님은 단칼에 이를 거절한다. 기도 할 수 없고 기도 할 마음도 없다고 한다.

    "기도할 마음이 없다고요?"

    "네, 정말로 안합니다. 당신이 지금 하는 것처럼 계속 그런 식으로 처신하는 한 내가 그를 위해 기도해도 아무 도움이 되지 못할 것입니다."

    "그게 무슨 말인가요?"

"당신이 계속 그를 정죄하는 한 나의 기도는 아무런 도움도 되지 못할 것입니다. 아마도 당신은 늘 그에게 신앙심을 찔러 넣으려 하고 예수님을 알아야 한다고 쉬지 않고 압박을 가할 것입니다."

"제가 그렇게 하는 줄 어떻게 아셨어요?"

"현재 나타난 모습으로 볼 때 당신 때문에 그가 하나님에 대한 흥미를 잃어 버렸습니다. 당신이 나에게 한 가지 약속을 해 주십시오. 오늘부터 아들에게 예수 이야기를 한 마디도 하지 마십시오. 그리고 계속 그에게 잔소리하고 야단치는 것을 하지 말고 심지어는 그를 윽박질러 교회에 가라고도 하지 마십시오. 종교, 성경, 교회, 예수님 등등에 대해서 그에게 한마디도 하지 말고 그저 그를 사랑으로만 대해 주십시오. 그리고 그가 밖에 나가 있으면 누워서 염려하는 일을 그만 두십시오. 그 대신 이렇게 말하십시오. '내가 믿음과 사랑으로 아들을 둘러싼다. 나는 그가 교도소에 가지 않는다고 믿는다. 나는 그가 하나님을 잘 섬긴다고 믿는다'"

"하지만 제가 그걸 믿는지 안 믿는지 저도 모르겠네요."

"그걸 믿기 시작하십시오! 당신이 그 말을 하기로 시작한다면 결국엔 그걸 믿게 될 것입니다. 그 다음부터는 잘 자고 잊어버리세요. 그냥 그를 가만히 내버려 두세요."

약 15개월 뒤 동일한 지역에서 집회를 인도하는데 행복한 얼굴의 한 여성이 찾아왔다. 그 때의 그 어머니였다. 목사님 말씀을 실행하기가 어려웠지만 계속했고 아들이 9개월 뒤에 갑자기 바뀌었다고 한다. 엄마와 교회도 가고 생활도 완전히 바뀌었다며 더 젊어진 환한 얼굴로 감사를 전했다.

Let Them Be 자녀들을 내버려 둬라

위의 이야기에는 신앙과 품행에 대한 엄마의 목표가 존재했다. 아들을 정죄해 잔소리와 협박을 했던 엄마가 '사랑하고, 걱정하지 말고, 가만히 내버려 두라.'는 세 가지의 지시사항을 받는다. 원래의 자신과 다른 모습을 위해 힘든 시간을 거치며 이 여성이 약속을 지켰고 아들이 변했다.

자녀를 사랑하고 걱정하지 않고 내버려 둔다면 잘 자란다고 믿는다. 어떤 특징을 가졌든지 어떤 환경을 경험했던지 잘 자란다고 믿는다. 믿어주는 믿음이 아이에게 양식이 되어서 잘 자라게 된다고 믿는다. 식물에게 흙과 물과 태양이 필요하다면 자녀에게는 사랑(그냥 항상 기뻐하기)과 믿음(걱정 하지 않고 믿어주기)과 기다림(내버려 두기, 자유주기)이 최고다.

부모는 자녀 양육의 책임에 몰입되어 나와 자녀의 영혼을 한 존재처럼 결속 시킨다. 자녀를 자유로운 선택을 할 수 없는 로봇으로 만들면 안 된다. 출생 초반의 동일시는 개별화를 위한 기초 작업이다. 엄마와 동일시를 통해 인격적 교제가 시작된 이후 성인으로의 완성을 위해 개별화된 인격으로 태어난다. 개별화와 독립에 성공한 인격만이 연합이라는 새로운 공동체를 향한 건강한 갈망을 갖는다. 한 영혼으로 존중 받을 때 그 영혼은 몸부림치며 자신의 영혼을 실험하고 관찰하며 개척해 갈 것이다.

그렇게 자신의 영혼을 발견해 가며 자신의 부모와 영혼의 친구로 사귀어 갈 것이다. 인생의 혼란기에 조언을 구하거나 함께 있고 위로가 필요할 때 다가올 것이다. 자신 영혼의 길을 걸어가며 같이 걷자며 초대할 것이다.

자녀가 인정하지 않았는데 부모가 같이 걷자고 요구하는 것은 강요가 된다. 부모를 사랑하고 공경하게 만드는 자연스러운 결과는 부모가 먼저 뿌린 믿음이라는 밭에서 자란다. 부모는 자녀에게 믿음과 자유를 주고 자녀는 부모에게 스스로 우러나오는 진정한 사랑을 돌려주는 것이 건강한 관계이다.

부모에게 애증의 양가감정을 경험하는 모든 자녀는 죄책감과 분노를 가지게 된다. 자녀를 미더워하지 않고 계속 개입하거나 조언하고 잔소리를 한다면 자녀는 성장기에 자신감을 잃고 답답함을 경험한다. 이 감정은 짜증을 동반하는데 엄마와 아빠를 좋아하지만 동시에 싫어하게 된다. 자신이 왜 자꾸 부모에게 화가 나는지 잘 몰라 죄책감을 느끼고 노력해 다가갔다가도 반복되는 구속에 더욱 화가 나 또 다시 멀어지고 만다.

믿기 때문에 줄 수 있는 선물, 자유

나는 우리 집 자녀들을 믿는다. 그 믿음은 자유로 나타난다. 자녀마다 천성과 인성이 다르고 장단점이 다르다. 부모 입장으로 더 키우기 쉬운 아이도 있고 어려운 아이도 있다. 하지만 공통적으로 내가 전달할 한 가지 마음은 믿음이라고 본다. 신뢰를 기반으로 한 관계만이 자유를 동반할 수 있다. 신뢰에 금이 간 관계는 완전한 자유를 선물할 수 없다. 불신의 영역에는 제재가 동반된다. 믿기로 결정된 관계에서는 서로의 행동 동기를 확인할 필요가 없다. 결과가 예상 밖이어도 변명하거나 설명하지 않아도 된다. 동기와 목적, 결과를 만드는 존재를 믿기로 결정했기 때문이다.

그러기에 믿음에는 자유가 따른다. 자유를 잘 활용할 수 있는 나이인가도 고려해야 하지만 영아 유아 단계만 지나면 바로 믿음과 자유를 선물해야 한다. 첫째 한샘이는 충분히 순종적이라 자유가 더욱 필요하다. 큰 애들이 갖는 여리고 착한 마음이 있다. 좀 더 대범해져도 되기에 더욱 자유를 준다. 동생들은 수준에 따라 차등 분배된 자유를 선물 받는다. 믿음과 자유를 주고 책임지게 하는 것이 좋다. 책임은 자기 스스로 지는 것이다. 실수할 자유도 자기에게 맡겨진 것이다. 더디게 갈 자유도 자기에게 맡겨진 것이다.

큰 아이 한샘이에게 게임의 결정권을 준지 4년이 흘렀다. 그 아이에게 결정권을 줄 때에는 한샘이 스스로가 양이나 내용을 결정해 갈 수 있다고 믿었기 때문이다. 너무 늦게 자면 피곤해서 다음 날이 힘드니 늦게 자지만 말라고 당부했다. 한샘이는 건전한 게임을 적당한 수준에서 한다. 음악이나 영상도 좋은 내용의 것들을 감상한다.

학습도 자신의 시기에 결정하여 시작하기로 되어 있다. 공부의 필요를 느끼거나 관심 분야가 생겼을 때 시작하기로 했다. 지금은 스스로 필요한 만큼만 하고 살아가는 것 같다. 수업 듣고 평가시험 있을 때 공부해서 적당한 점수를 받고 있다. 아이들의 성적을 대략은 알지만 통지표 관리를 잘 하지 않아 잘 모른다. 어머니들 단체 카톡에 오늘 통지표 받는 날이라며 연락이 오지만 아이가 주지 않으면 못 보는 것이다. 내가 잊어버린다. 그러다 굴러다니는 통지표를 보기도 하는데 나 같으면 창피해서 몰래 버렸을 것 같은 통지표가 여기 저기 굴러다녀서 몰래 웃는다. 최근에 첫째 한샘이는 원하는 진로가 생겨 갑자기 열공하고 있고 우리는 응원하고 있다.

초등학교 입학 전 한글 떼기 시기는 각자가 결정한 시기에 돕는다. 한샘이는 공룡 관련 서적을 너무 좋아해 자연스럽게 뗐다. 한솔이는 계속 싫다고 미루다 학교 들어가기 직전에 시작해 두달만에 뗐다. 한이는 어린이집이 한글 공부를 시켜줘서 가족 도움 없이 뗐다. 한비는 요즘 아빠에게 간곡히 부탁해서 6살 겨울에 뗐다.

학습에 이어진 학교 숙제나 학교 준비물도 개별적으로 자신이 책임지고 알아서 한다. 안 해도 되나 아침에 급하게 울며 도우라고 하면

도와주지 않는다. 그 전날 저녁까지 하지 않고 아침에 하려고 하면 그냥 학교에 가라고 권한다. 몇 번 위와 같은 일이 반복된 뒤 자기 스스로가 하게 되었다. 준비물도 전날 사다달라고 미리 말해야 한다. 아침 시간에 순차적으로 등교하기 때문에 갑자기 준비해 줄 수 없다. 준비물 중에서 도화지 같은 것은 친구가 안 가져올 것을 감안해 여러 장 준비해 가 나눠 쓴다.

집에 귀가하는 시간도 자신이 결정한다. 물론 별일 없이 다들 비슷한 시간에 들어오긴 한다. 집을 좋아해 거의 집에 있지만 간혹 연락 없이 갑작스레 늦을 때가 있다. 핸드폰이 없었던 우리 집 아이들로서는 연락도 안 되고 그냥 늦는 것이다.

다른 때보다 늦어지는 자녀를 기다려보면 믿음이 무엇인지 자유가 무엇인지 절실해진다. 물론 귀가가 늦어지는 자녀를 기다리다보면 무슨 일이 생겼을까 여러 가지 생각이 든다. 하지만 아이 입장에서 매번 연락을 해야 하거나 조금 늦어도 시간을 재며 걱정하는 엄마가 있다면 그것 또한 남모른 규제가 되겠기에 꼭 연락해야 한다고 요구하지 않았다. 나의 숨겨진 걱정을 뒤로하고 믿고 기다리면 꼭 어떤 이유로 늦은 내 자녀가 헐레벌떡 들어온다. 아무 걱정도 하지 않은 척 자녀를 맞고 밥을 주며 사연을 들어보면 의도하지 않게 일이 생겨서 늦어진 것이 대부분이다. 어떤 친구가 놀자고 했거나 무언가를 도와 달라 해서 같이 있다가 늦었을 때도 있다. 학교 다니다 보면 의외의 일이 생겨 친구와 더 있어야 하거나 학교에 남아야 할 일들이 생긴다. 학교 숙제를 팀으로 짜서 해야 하기에 집에 돌아가지 못하고 남아서

하고 올 때도 있다. 그럴 때 우리 아이들이 공통적으로 하는 말이 있다. 다른 친구들은 갑작스런 결정 상황에 주로 엄마에게 허락을 받아야 한다면 연락을 취한다는 것이고 우리 아이들은 자기가 결정하고 엄마에게는 나중에 알려도 된다는 것이다.

그래서 더욱 내 걱정을 덜기 위해 아이의 행동반경을 주시하거나 보고를 받는 것 보다 살아 돌아오기를 기다리기로 결정했다. 부모님 걱정하실까봐 연락을 취하는 습관을 들이는 것도 유익하나 부모님은 걱정 안하시니 내가 결정한다가 더 유익할 것 같아서이다. 부모인 내가 걱정을 안 하면 좋고 안 되면 걱정 안하는 척만으로도 믿어주기에 유익 한 것 같아서 결정한 일이다.

내 어린 시절 부모님이 집에 늦게 오지 말라고 하셨다. 늦으면 연락하라 하셨는데 핸드폰도 없던 시절에 연락 못할 상황이 많았다. 학교나 놀이터 때로는 들판과 산에서 놀 때도 있었고 집이 먼 친구 집에 가서 잠깐만 놀고 서둘러 돌아왔는데도 벌써 해가 질 때도 있었다. 늦게 귀가하면서 발을 동동 구르던 기억이 난다. 조금 더 놀고 싶어도 시간 맞추느라 힘들었다. 늦은 귀가로 야단을 맞은 적도 있다. 억울하고 싫었던 기억이다. 그래서 더욱 믿어주고 자유를 주고 싶었다.

한번은 한샘이가 초등학교 고학년 때 아주 밤늦게 들어 온 적이 있다. 동네 친구들과 먼 동네로 원정을 가서 방방도 타고 과자도 사먹으며 놀고 온 것이다. 그 때 난 재미있게 놀았는지 물었던 것이 다였다.

오후 3시 전에 집에 도착해 있던 한솔이와 한이도 저녁 8시가 되어서 들어 온 적이 있다. 친구의 요청들 때문이었다. 나는 위의 세 명 아이들의 학교 수업시간을 모른다. 애들이 대략 몇 시쯤 오더라만 알고 있다.

한번은 한샘이가 저녁이 되어도 들어오지 않아 왜 그런가 싶었는데 학교에서 2박 3일로 어딘가 갔었던 적이 있다. 그 전 날 주섬주섬 옷을 챙기는 걸 언 듯 본 것 같아 주변사람들의 의견을 종합해 보고야 학교에서 어딘가에 갔다는 것을 추측해 냈다. 용돈을 달라고도 안 하고 어디 간다고 정확히 말도 안 한 채, 짐도 혼자 다 챙겨 떠나는 우리 집 아이들을 보면 이들의 미래가 더욱이나 걱정이 안 된다.

우리 가족은 여행이나 친가, 외가를 갈 때 자기 짐을 스스로 싸게 한다. 한샘이 한솔이는 잘 기억이 안 나고, 한이 같은 경우에는 7~8살부터 자기의 짐을 잘 챙겨 갔다. 한비는 6살 자기 짐에 한결이 짐까지도 챙긴다. 옷, 치약, 칫솔, 읽을 책, 머리 핀, 로션 등이다. 개나리 봇 짐 수가 너무 많아지지만 자기 스스로 하는 모습이 너무 대견해서 일부러 그대로 가지고 간다. 날씨에 안 맞든 날수에 비교해 많든 그냥 가져간다. 적으면 몰래 더 챙겨가기는 한다.

초등학교 1학년 입학할 때도 집에서 학교까지의 등교 길을 세 번 정도 가르쳐 주고 스스로 등하교하게 했다. 학년이 다른 남매와의 등교시간은 출발시간을 정하고 시간에 맞추지 못하면 윗 남매를 먼저 보내고 나중에 혼자 가야 한다. 하교는 각각 혼자 한다. 한샘이, 한솔이 때도 그렇고 한솔이, 한이 때도 초등학교 시절 신속하게 준비하지 못하면 따로 간다.

친구를 데려 오거나 친구 집에 가는 것도 자유인 우리 집 아이들은 집에 너무 붙어 있다. 저 나이가 친구 많이 사귀고 싸돌아다닐 나이 아닌가 싶은데 집에서 뒹구는 것이 낙인 아이들이다. 그나마 집을 떠나 나들이 좋아하는 것은 한비와 한결이고, 한샘, 한솔, 한이는 하루를 집에서 시작해서 집으로 마친다. 아주 간혹 한샘, 한솔이는 주말에 한 번씩 친구와 놀고 들어온다. 한이는 학교 마치고 운동장에서 놀다가 돌아온다.

집에 TV는 없다. 내가 너무 좋아해서 애들 밥 안 해주고 볼 것도 같고, 의미 없이 시간이 흘러갈까봐 없이 산다. 아이들 개별적으로 적당한 매체기기로 음악도 듣고 영상도 보고 게임도 한다. 도서관 가서 책도 빌려오고 어쩔 때는 공부도 한다. 내일이 시험이라도 환한 얼굴로 놀다가 일찍 잔다.

아이들은 부모 몰래 비밀을 만들어야 한다고 생각하고 비밀은 비밀이니 물어보지 않는다. 별로 비밀들도 없어 보이지만 알려 주지 않으면 모른다. 자녀의 책가방이나 책상, 노트, 핸드폰의 문자 등을 확인하는 일은 없다. 직접 전달해준 이야기 말고 다른 사항들에 대한 관심이 없다. 간혹 남매 중 한 내부 고발자가 다른 아이의 무언가를 폭로하듯이 가르쳐주겠다고 할 때가 있다. 본인이 싫어하는 일이면 말하지 못하게 한다.

이성 친구를 사귈 생각들이 전혀 없어 보인다. 실은 저래서야 나중에 연애는 잘하려나 싶을 정도이다. 세대 분위기가 초등학교 내지 청소년 시기에 이른 교제들이 시작되고 있다. 아이들의 인지나 육체의 성장 속도도 빠르고 미디어의 발달을 통한 개방성이 이를 자극하기도 한다. 요즘 이성 친구를 사귀는 나이가 빨라지고 그에 따른 부작용도 많아지는 시기이다. 책임이 무엇인지 잘 모르는 시기에 시작된 이른 교제는 청소년기 나이에 부적합하다고 생각한다. 그러나 이것은 내 생각이고 내 자녀들이 원한다면 말리지 않을 것이다. 지금 초등 중등 고등학교에 다니는 세 자녀 모두 이성교제가 없는 상태이다. 자녀들 중 아무도 이성교제를 해본 적이 없다.

가정의 안정도가 떨어질수록 빠른 이성교제를 시작한다는 보고를 자주 접한다. 가정에서 부모 남매들과 애착관계가 분명한 아이들은 아직 이성에 눈뜨지 않고 그 가정의 행복을 통해 성인으로 자라간다. 가정이 불안정하고 평화가 없어서 마음의 안정도가 떨어질수록 빠른 이성교제를 통해 안정과 사랑을 추구하게 된다. 어린 나이에 시작된 교제인지라 예상 밖의 상처나 실망을 주고받게 된다. 거기에 부적절한 육체관계가 더해지면 미혼모, 유산 등의 불행한 일이 생기기도 한다.

부모와의 관계가 원활하고 자신의 마음이 안정된 자녀일수록 우발적인 교제나 사건사고에 휘말리지 않는다. 자녀를 믿고 기다리고 자유를 줄수록 그 자유로 자신의 인생을 개척해 가는데 사용할 것이다. 단, 좋은 배우자를 만나게 도울 수 있는 유일한 방법이 한 가지 있긴 있다. 안정된 아이로 자라도록 항상 기뻐하고 믿고 자유를 주면 된다. 안정된 사람은 불안정한 사람과 같이 있으면 대화나 문제 해결 방법,

이해와 해석 등의 세계관이 달라 교제가 어렵다. 첫 눈에 끌렸다 해도 시간이 지나면 차차 멀어지게 되어 있다. 사람은 자신의 내면과 비슷하고 외면은 반대의 성향을 가진 사람에게 끌린다. 자녀가 가진 내면의 안정감과 자존감은 비슷한 사람을 찾아내어 만나 결혼하게 되어 있다. 상대 배우자가 홀려 내 자녀가 결혼한 경우는 거의 없다. 다 제좋아서 결혼한다. 억대의 재산가 집안이나 이런 미지의 경우의 수, 다중인격적인 어마어마한 사기꾼들의 재산을 노린 접근을 주의해 볼 수 있다. 보통 대부분의 사람들은 자녀의 이성교제나 결혼에 당연히 주어야 할 자유를 부여하고 기뻐하면 된다.

거짓말이 좋은 것은 아니지만 능숙하게 때로는 더듬거리며 거짓말할 때가 있다. 놀리며 바로 아는 척 할 때도 있고 진짜 속을 때도 있다. 거짓말이 좋은 것은 아니지만, 어린 시절 거짓말 할 수도 있다고 생각해 속아주기도 한다. 도덕적 흑백지표를 빨리 만들기보다 긴 여정 속에서 진실함의 소중함은 자신이 스스로 배워가야 한다고 본다.

'거짓말은 나쁘다.'는 교육을 안 한다는 말은 아니다. 거짓말이 나쁘다는 것을 알면서도 사람들은 자기보호나 자기 필요에 의해 진실의 선을 넘나든다. 어릴 적 뻔히 들키는 거짓말 외에 어른이 될수록 진실해 지기가 쉽지 않다. 거짓도 아니고 진실도 아닌 중간지대가 많다. 진정한 진실함을 결정하는 일은 시간을 들여 자신이 해 가야 한다. 감추는 것 없이 솔직해지고 더하여 자기에게 손해가 되어도 진실만을 말하는 것은 오랜 시간을 들이며 배워가는 것이기에 기다린다.

혹시나 가출하는 자녀가 있다면 절대 찾지 않는다고 말해뒀다. 스스로 고민이 있어 집을 떠난 것을 여기 저기 찾아다니고 잡아 오면 얼마나 싫겠느냐며 집에서 기다리겠다고 말했다. 돌아오면 언제든지 환영이지만 돌아오기가 싫으면 그대로 살아도 된다고 했다. 가출할 자유를 부여한 것인데 본의 아니게 아이들이 무서워하는 것 같긴 하다.

자녀들이 스무 살에 독립하는 것이 내가 바라는 꿈이다. 나도 남편도 스무 살에 독립한 경력자들이다. 나는 인생고민의 답을 얻고 싶어 연극을 하고 싶은 꿈이 있었다. 시골에서 서울로 상경도 해야 하고 가난한 극단 생활을 버텨내려면 전세방 하나는 필요할 것 같아서 1년 동안 숙식 제공으로 갈빗집에서 일했다. 1년 모은 돈으로 전세방을 얻어 6년 자취 생활하고 결혼했다. 남편은 스무 살에 장로회 신학대에 입학하고 대학원까지 마치는 7년 동안 기숙사 생활로 독립했다.

내 바람은 스무 살에 바로 내보내 아이들을 맨 땅에서 시작하게 하는 것이다. 애들은 아직까지는 전혀 나갈 기미가 없다. 또 한 가지는 나와는 존재가 다른 애들이라 강제는 아닌 서로 동의한 독립을 고민하고 있다. 아니면 독립체이니 생활비를 하숙비처럼 따박따박 받아야 하나도 고민 중이다. 아직은 모르겠다.

믿고 맡겨진 내 아이

　또한 자녀를 믿듯이 주변 사람들을 믿어야 한다. 사랑이 자녀의 삶에 대한 개입으로 나타날 수 있듯이 자녀에 대한 걱정이 자녀의 주변 사람들에 대한 불신으로 나타날 수 있다. 자녀를 담당하는 교육기관이나 교사를 믿지 못하고 관찰 주시하는 것은 나쁘다. 자녀를 통해 교육기관이나 지도자에 대해 캐묻는 것도 나쁘다. 자녀 앞에서 교육기관이나 교사를 신뢰하지 못한다는 언질을 주고 흉을 보는 것은 나쁘다.

　어린이집이나 유치원 생활을 자주 묻는 엄마들에게는 남모를 걱정이 배어있다. 하지만 자녀의 말을 통해 듣는 것은 정확도가 낮다. 아이들은 정황을 사실대로 전달하는 것이 아니라 자신의 감정 위주로 전달한다. 자신이 친구에게 한 실수는 제외하고 친구의 문제행동이나 교사의 징계만 전달한다.

　교사가 내 아이를 잘 모른다고 생각하는데 주로 부모가 자신의 자녀를 잘 모른다. 교사는 여러 아이를 돌보아본 전문지식과 다양한 경험 때문에 다른 측면에서 엄마보다 그 아이를 더 잘 안다. 1:1의 내면 깊숙한 곳은 더 모른다 해도 여러 아이들 중에 나타나는 그 아이의 특징은 더 잘 파악한다. 간혹 있는 사이코패스들 때문에 엄마들의 시선이 교육기관을 향해 경찰 같은 것은 자녀 양육에 나쁘다. 믿고 맡겨줘야 사랑도 하고 야단도 친다. 학부형이 너무 예민하면 교사도 피한다. 저 애도 저 엄마도 건들이지 말자 싶어진다.

내 자녀를 믿듯이 내 자녀의 친구를 믿고 스승을 믿는 것은 자녀양육의 기본이다. 가장 좋은 교사를 만나길 바라고 살피지 말고 내 자녀가 누구를 만나도 최상으로 살아가는 존재가 되어 있는 것이 상책이다.

존 비비어가 쓴 '순종' 책에는 맏아들 애드슨의 초등학교 3학년 때의 이야기가 나온다. 애드슨은 선생님이 자기를 찍었다고 생각한다. 아이들이 떠들거나 장난을 쳤다하면 무조건 자기만 혼낸다고 생각한다. 오랜 기간을 지내며 선생님과의 관계가 더욱 나빠져 가정통신문에 까지 불리한 기록이 남게 되었다. 예민한 아이인 애디슨은 좌절과 두려움으로 하염없는 눈물을 흘렸다.

아빠인 존은 묻기를 "오늘 선생님이 너를 혼내실 때 너는 뭐라고 말했니?"

"떠든 건 내가 아니라 저 두 애들이라고 말했어요."

"선생님한테 혼날 때마다 그런 식으로 대답하니?"

"예. 내 잘못이 아니란 걸 알면요."

"그래서 문제가 생기는 거야. 너는 권위 앞에서 너를 정당화하고 있거든. 네가 너를 변호하면 하나님은 너를 보호해 주시지 않으신단다."

그리고, 존 비비어는 성경 몇 구절과 아빠의 사례를 들어 잘 설명한 후 최후통첩을 한다.

"네가 택하기 나름이야. 계속 자기를 변호하며 선생님의 심판 밑에 머물 수도 있고, 지금껏 네가 선생님의 비난에 경건하게 반응하지 않았다는 걸 깨달을 수도 있어. 둘째 방안을 선택하겠다면 선생님한테 가서 겸손하게 그간 선생님의 권위를 존중하지 않고 반항한 것을 사과할 할 수 있겠지. 그러면 하나님이 개입하실 거야."

"그럼 잘못도 없이 혼날 때는 어떻게 하지요?"

"하나님이 너를 보호하시게 해 보렴. 네가 널 변호하려던 게 잘 통했니?"

"아니요. 하나님이 저를 변호해 주시면 좋겠어요."

다음날 애드슨이 선생님께 가서 겸손한 태도를 보인다. 아이는 선생님이 지적하실 때 따진 것에 대해 용서를 구했고 선생님도 아이를 용서한다. 그런 다음 주 애드슨은 금주의 학생으로 뽑혔고 학년을 마칠 때는 '올해의 학생 상'을 수상하게 되었다.

존 비비어와 아들 애드슨의 대화 내용을 보면 아빠인 존은 교사의 행동에 별로 초점을 두지 않는다. 존은 자녀가 부당함에 어떻게 반응하는지를 묻고 태도를 바꾸지 않으면 고통이 계속 될 것이라고 말한다. 애디슨은 자신을 편들어주지 않는 아버지 밑에서 마음을 새롭게 하는 법을 배운다. 참된 친구가 직언을 해주는 것처럼 존은 아들에게 자신의 태도를 돌아보게 했고, 애디슨은 태도를 바꿔 그 해의 학생이 된다. 애드슨은 아빠를 통해 큰 복을 누리는데 어떤 교사를 만나도 훌륭한 학생이 될 수 있는 법을 배웠다.

대부분의 부모는 교사가 내 자녀를 어떻게 대우하는지 매우 궁금해 한다. 사건을 물어가며 자녀의 감정을 교감하고 교사의 문제점을 나눈다. 아이를 설득하기보다 교사를 심판하기에 바빠서 교사의 문제점을 아이 앞에서 말한다. 더 나아가 비슷한 사례로 부당한 경험을 한 아이가 없는지 반 엄마들과 통화를 하며 교사의 문제점을 모아들인다. 아이의 학교생활을 걱정하며 교사를 미워하고 어떤 방법으로 압력을 넣을지 고심한다. 아이의 학교생활이 아니라 엄마의 학교생활이다. 자식을 내 품에 끼고 살 수 없다. 자신이 스스로 살아가야 할 인생에 믿음을 가르칠 방법은 부모가 자녀의 주변사람들을 진심으로 신뢰하고 존중하는 것이다.

한이 초등학교 입학식에 반 배정이후 1학년 담임 교사가 학부형에게 한 부탁이다. "아이들이 초등학교를 잘 적응해 갈 수 있게 학교와 선생님을 믿어주세요. 실은 아이들을 상대하는 것보다 어머님들 대상의 일들이 많아서 초등학교 1학년 담임을 다들 꺼려합니다. 친구들간에 싸움이 일어나도 학급에서 잘 처리해 가며 함께 배웁니다. 저에게 연락 주시고 학부형 간에 얼굴 붉히시지 마시고 믿고 기다려 주세요."

얼핏 들어도 과도한 부모의 관심과 주변사람들을 향한 탐색이 오히려 자녀 양육에 난제가 되고 있다는 것을 알 수 있었다. 모든 자녀는 다양한 사회생활 중 다양한 교사를 경험한다. 어린이집 유치원에서 대학까지만 봐도 한 해에 한 명으로 계산했을 때 20명 이상의 교사를 만나게 된다. 엄마가 좇아다니며 내가 자녀에게 대하듯이 잘 대해 달라 요구할 수 없다. 모든 사람이 천차만별이듯이 교사의 성격과 실력도 다양하다. 내 자녀를 향한 애정도도 다를 것이다. 부모의 마음에 쏙 드는 교사도 있고 부모의 마음에 싫은 교사도 있을 수 있다. 그 모든 것이 자녀의 인생에 주어진 상황이다. 부모가 감정적으로 교사를 만족하지 못하고 싫어한다면 자녀는 자신의 교사를 기피하고 나쁜 태도를 드러낼 것이다.

권위에 순복하는 아이로 키워져 교사와 마음이 이어질 수 있다면 좋다다니며 걱정하지 않아도 된다. 존 비비어의 사례처럼 자녀가 교사의 권위에 순복하고 선생님을 존중하며 사랑받도록 도와야 할 것이다.

우리 집 아이가 교사에 대해 비난조의 말을 꺼낼 경우가 있다. 그럴 땐 아이의 이야기를 다 들어주고 "그랬구나." 반응하다가 이야기가 다 끝나면 교사를 변호하고 말을 마감한다. 집에서 아이들 사이의 시시콜콜 억울한 이야기를 들어보면 거의 이상하게 전달된 내용이 대부분이다. 자기가 잘못한 이야기는 쏙 빠지고 언니가 어떻게 한 것만 전달한다. 그런 아이가 "선생님이 화냈어요." 하면 뻔하다. 앞에 자신이 한 일들은 쏙 빠지고 교사가 화냈다고만 전달한다.

"선생님이 말 안 들으면 화도 내시는 거지 부드러운 말만 듣고 싶으면 안 된다. 말 안 들으면 때려야 하는데 말로만 가르치시려니 너무 힘드시겠다."

"엄마는 5명 키우기도 힘들어 화 날 때 많은데 30명을 어떻게 가르치고 돌보냐."

"네가 늦게 먹어서 그러셨겠지."

"엄마는 어린이집 선생님은 절대 안한다. 애들 어리지 엄마들은 너무 관심 많지. 선생님 피곤하시니 말씀 잘 들어라."

인생 중 너무나 기억에 남는 좋은 교사를 한두 명 만날 수 있고 너무나 기억에 남는 힘든 교사를 한두 명 만날 수 있다. 100명 중 98명의 교사들이 거의 대부분 좋은 분들이다. 교사가 어떠하냐보다 내 자녀가 어떠하냐가 더 중요하다. 한발 더 나가면 내 자녀보다 부모 자신이 어떠하냐가 관건이다. 부모의 어떠함이 의심이 아닌 믿음일 때 자녀는 잘 자란다. 누굴 만나든 상대가 어떠하든 제 하기 나름인 것을 가르치고 자녀의 주변사람들을 믿는 것은 축복이다.

다분히 교사들만을 이야기하는 것은 아니다. 모든 인간을 믿어가자는 것이다. 몇 몇 사건 사고로 자신의 팔에 아이를 더욱 안으려는 것은 믿기를 거부하는 태도이자 과잉보호이다. 현실적으로 살인자, 사기꾼, 도둑, 성도착자, 사이코패스, 유괴범이 존재한다. 그렇다고 집 밖에 내보내지 않고 품속에 가두는 것은 '라푼젤'의 마녀 엄마처럼 자녀를 자신의 성에 가두는 행동이다. 라푼젤은 발을 디뎌 잔디를 느끼고 사람을 만나고 모험을 떠나고 싶은 욕망이 가득하다. 엄마가 라푼젤을 성에 가두어 두는 것은 다분히 자신의 소유욕 때문이다. 자식은 내 것이 아니다. 아이가 믿음을 배워간다면 더 큰 도약의 길을 여는 것이다. 믿음은 부모가 나라는 존재를 믿어주는 것을 통해 시작되고 나의 인생에 놓인 모든 사건과 사람들을 믿어줄 때 더욱 가속화된다. 믿음이 사는 길이다.

나는 학창 시절에 학교를 다녀 온 다음 집에서 트레이닝 복 세트를 평상복으로 입고 지냈다. 막내인 나는 어머니의 잔심부름을 도맡아

했다. 찬거리를 다듬거나 자전거로 심부름을 하며 저녁 준비 때 유용한 도움이 되었다. 하루는 만원 지폐로 물건을 사고 5천원을 거스름돈으로 받았다. 자전거를 신나게 타고 와보니 상의 윗주머니에 넣어둔 거스름돈을 잃어버렸다. 2주쯤 뒤에 또 한 번의 거스름돈 5천원을 잃어버렸다. 어머니는 5천원을 훔친 것이 아니냐며 역정을 내셨다. 아니라고 설명해도 화난 얼굴로 돌아서셨고 그 얼굴을 난 보고야 말았다.

나중에 보니 주머니가 깊지 않고 얕았다. 다리가 페달을 밟을 때 상반신의 옷이 밀쳐 올라가며 돈이 빠져버린 것이다. 그 이후 심부름할 때마다 두고두고 조심했다. 어머니의 화난 얼굴을 본 그날 밤, 이불을 뒤집어쓰고 몰래 울었던 기억이 난다. 나를 의심하는 어머니의 얼굴이 마음에서 떠나지 않아 슬펐다. '엄마 딸 꽤 정직한 아이인데 나를 모르시나.'하고 너무 슬펐던 기억이다. 어린 시절 슬픈 이야기 기억에 남는 다섯 가지 안에 드는 이야기가 되었다.

내가 아는 어머니들 중에서 우리 어머니가 가장 좋은 분이셨다. 잔소리가 없고 대화가 되고 애정 표현도 많으신 최고의 어머니시다. 그날 내가 모르는 인생의 고단함과 역정이 우리 어머니에게 있으셨나보다. 하지만 그 순간만큼은 나에게 큰 슬픔을 안겨주셨다. 내가 가장 사랑하는 참 좋은 어머니가 나에게 의도하지 않은 상처를 주신 날이다.

자녀를 믿자. 그냥 믿자. 믿음이 의심하기보다 좋은 일이라는 것은 자명하다. 제발 믿자.

우습지만 슬픈 '셜리의 감자 이야기'

　가장 사랑하고 소중하기에 자녀에게 영향력이 가장 큰 사람은 부모다. 자녀에게 상처를 줄 수 있는 존재는 부모뿐이라고 생각 한다. 실제 보건복지부에서 낸 2016년 아동학대 통계 수치를 보아도 부모에 의한 학대가 전체의 약 80.5%를 차지한다.

　자녀에게 중요하기 때문에도 영향력이 높고, 실제 양육 노출 시간도 가장 길다. 그러기에 자녀나 자녀의 주변사람을 의심하기보다 부모 자신을 의심하자고 제안해 본다. 자녀를 가장 사랑하는 사람이 부모이기에 부모 자신의 자녀 사랑에 대해서는 한 치의 의심도 없는 것을 본다. 사랑을 안 했다는 것이 아니라 너무 사랑하다가 놓친 것은 없는지 생각해 보자는 것이다. 최고의 헌신이 꼭 사랑의 모든 것은 아니다. 자녀가 걱정된다면 자녀나 주변사람보다 가장 영향력이 높은 부모 자신을 의심해 보는 태도가 필요하다.

　'사랑중독증'이라는 정신병적 증세 중 하나가 상대를 사랑하면서 옥죄며 관심과 밀착을 보이는 것이다. 대상이 나를 소중히 여기지 않는다고 생각하고, 떠나버릴 것을 염려해 과도한 집착이 나타난다. 관계에 믿음이 결여되어 있다. 사랑하는 내내 두렵고 떨리는데 상대가 지쳐 떠나버리고 나서야 끝이 난다.

　이 증상은 이성 간에 나타나는 양상이 짙다. 그런데 대상을 부모와 자녀로 대치해도 양상 중에 비슷한 부분이 많다. 믿음이 결여되고, 집착 정도가 크고, 대상이 힘들어 한다면 사랑인지 사랑중독증인지 우리 스스로를 분별해 보아야 한다.

데이빗 A. 씨맨스의 '상한 감정의 치유'책에 한 예로 '셜리'라는 여성의 이야기가 있다. 셜리는 25살에 결혼생활의 문제와 직장생활의 긴장감으로 상담을 요청한다. 셜리는 시골에서 자라면서 안정된 열심 있는 삶, 지속적인 훈련, 헌신된 그리스도인의 생활 태도, 높은 도덕 기준을 배운 잘 자란 사람이었다. 부모도 좋은 분이셨다. 그럼에도 상담의 시간을 거쳐 부모의 양육 방법이 조건부적인 칭찬이나 다른 아이들과의 비교로 나타났다는 것을 알게 되었다.

"셜리, 너는 ○○ 할 때 참 훌륭해."

"셜리, 나는 네가 저 아랫동네에 사는 ○○처럼 되지 않기를 바란다."

"잘했어, 셜리. 그런데……."

"그러나… 만약에… 네가 ○○다면 우리는 너를 사랑한다."

더하여 미운 오리새끼 같은 사춘기의 시기에 아버지가

"애야, 너도 잘 알다시피 감자에서는 복숭아가 나올 수 없지 않니?"

등 딸을 위한다는 의도로 한 말은 셜리 자신에게는 깊은 상처로 남게 되어버렸던 것이다.

셜리의 자의식은 감자 같은 자기는 소중하지 않다고 여기게 되었고 사랑을 받아들이거나 관계를 하는 것에 어려움을 느끼게 되었다. 상담자 데이빗은 상담과정에서 '나의 복숭아' 혹은 '하나님의 복숭아'라는 애칭으로 셜리를 불렀다.

데이빗은 "나는 그녀의 자화상을 재조명해 나가야 했다." 고 말한다. 그 이후 놀랍게 변해 갔는데 하나님의 사랑과 남편의 사랑을 받아들이고 감자 자화상은 말끔하게 씻겨 나갔다고 한다. 자신을 소중히 여기고 외모도 바뀌어 가며 매력이 넘치는 사람이 되었다고 한다.

우리 각자에게는 셜리의 감자 이야기 같은 우습지만 슬픈 이야기들이 있다. 의도하지 않은 감자가 내 속에서 자라나 나를 보는 거울이 되어버린 이야기들이다. 우리는 사랑을 함에도 불구하고 상처를 만들어 낸다. 내적치유 서적들을 볼 때마다 한 가지 마음먹고 있는 것이 있다. 어느 날, 내 자녀가 엄마로 인해 자신의 마음에 상처가 있다고 한다면 꼭 '미안하다.'며 안아 줘야지 하고 생각한다. 그 기억 속에 왜곡이나 오해가 있다고 해도 아이의 마음속에 찍혀버린 이야기이니 인정하고 사과할 마음이다.

자녀 또한 죄인으로 부모를 단죄하자는 것이 아니라 더 깊이 사랑하고 싶어 잠겼던 마음을 풀어 헤친 것이다. 간혹 마음의 상처를 솔직하게 꺼내려다 상대의 거부에 마음의 문을 더 꼭꼭 걸어 잠궜던 기억들이 있다. 깊은 결속이 불가능했던 경우이다.

더구나 성인아이였던 부모 밑에서 자란 자녀들의 긴장과 두려움은 이루 다 말 할 수가 없다. 사랑과 보호는 고사하고 대놓고 학대와 폭력에 노출된 아이들의 상처는 보상 받고 회복되는데 오랜 시간을 거친다. 부모를 통해 접한 자화상이 상처와 공격으로 남는 것이다.

10살 어린이가 잔혹시 한편이 들어 있는 개인 시집을 출판해 시끄러웠던 적이 있다. '학원가기 싫은 날'이라는 시가 큰 화제였는데, '학원에 가고 싶지 않을 땐/ 이렇게 엄마를 씹어 먹어/ 삶아 먹고 구워 먹어/ 눈깔을 파먹어/ 이빨을 다 뽑아버려/ 머리채를 쥐어뜯어/ 살코기로 만들어 떠먹어/ 눈물을 흘리며 핥아먹어/ 심장은 맨 마지막에 먹어/ 가장 고통스럽게' 라는 내용에 학생으로 보이는 여자 아이가 심장을 뜯어 먹고 있는 삽화가 들어가 있었다.

사회를 떠들썩하게 했던 주제다. 작가인 10살 소녀가 "사이코패스냐?", "패륜이 아니냐?" 며 많은 부정적인 여론이 일어 책은 전량 폐지되었다. 문화평론가 진중권 교수는 "도덕적 인민재판을 하기 보다는 문학적 비평을 해야 한다." 고 밝히기도 했고, 시인인 아이의 엄마는 "엽기, 호러를 좋아하는 아이의 취향이 담긴 시이고 아이는 건강하고 밝으며 자녀와의 관계는 원만하다" 고 전했다.

작자인 소녀에 대한 의견 말고 시 자체로 오싹하다. 부모 폭행, 유기, 살해의 사건들이 심심치 않게 발생하는 이 시대에 더욱 마음 서늘해지는 시이다. 아이는 본인의 느낀 바를 솔직하고 끔찍하게 담아냈고, 어른들은 놀랐다. 하지만 이런 시에서 부모를 향한 자녀들의 분노를 우리가 미리 예측해 낼 수 있다면 결국 부모와 자녀는 가장 아름다운 관계가 될 것이다.

'믿어주기 – 자유주기'의 세부적인 참고사항

첫째, 자녀를 믿는다.

자녀를 믿고 자녀의 인생을 책임지고 걱정하지 않는다. 자신의 인생을 자신이 살아가도록 믿어준다. 마지막까지 계속 믿기로 정하면 믿음대로 된다. 사람의 믿음은 반드시 작용한다. 자녀가 받는 믿음의 점수는 자기 세계를 향한 믿음의 점수가 된다. 믿음의 관계를 경험한 사람만이 내 스스로를 믿고 또한 남을 믿어 줄 수가 있다. 이 논리는 사랑 받은 사람이 사랑해 줄 수 있다는 것과 같다. 의처증, 의부증은 어린 시절 믿음의 결속을 경험하지 못한 사람들의 정신적인 마음의 병이다.

'상처받은 내면아이 치유'의 저자 존 브래드쇼는 아이가 스스로를 바라보는 건강한 눈을 이렇게 이야기한다. '나는 세상을 믿을 수 있어요. 나는 나 자신을 믿고, 또 내가 특별하고 유일하다는 걸 알아요. 나는 남자(여자) 아이예요. 내가 정말 무엇을 하고 싶은지 잘 알진 못하지만, 내 미래를 그려 볼 수는 있어요.' 아이들은 아직 삶을 잘 모르지만 믿는다는 것은 정체성의 시작이고 존재의 시작이다. 믿음은 자녀를 믿고 세상을 믿는 부모로부터 유산처럼 물려받아 인생을 살아가는 자양분이 된다.

둘째, 자녀의 주변사람들을 믿고 맡긴다.

자녀의 양육을 함께 하는 주변사람들을 믿는다. 자녀를 향해 객관적인 사랑을 가지고 있다는 신뢰를 잃지 않는다. 엄마는 물고 빨다가도 이상한 화를 내지만 주변사람들은 물고 빨아주지 못한 반면 이상한 화를 내지는 않는다.

부모의 믿음을 자녀도 알고 교육기관 담당자들도 알고 교육하게 해야 한다. 주시 내지 감시자가 있다고 느끼지 않게 신뢰를 전달하고 감사한 마음을 전해야 한다. 학부형의 교실 난입, 교사 폭행이 대문짝만하게 기사에 난다는 것은 우리나라 교육의 적신호다. 스승의 권위가 떨어진 곳에서 제자는 자랄 수 없다.

이웃 엄마, 동네 엄마들을 믿어야 한다. 나와 다른 기준으로 징계하거나 자신의 아이를 편들 수도 있다. 그래도 믿어주는 것이다. 그 사람의 역량 안에서 내 아이를 사랑해 줄 것을 믿어주어야 한다. 사실 다른 엄마의 반응을 가지고 내가 왈가왈부한들 변화시킬 수 없다. 사건이 생기면 애들은 놀고 싶어 하는데 엄마들이 서로를 싫어해 아이들의 친구관계가 멀어지기도 한다. 한두 가지 문제가 생기거나 다른 양상이 있어도 상대를 받아내는 엄마의 마음은 아이에게 전달된다. 자녀는 엄마의 마음을 배운다. 자녀의 주변사람들을 믿고 살아가는 엄마의 태도는 자녀가 신뢰를 저절로 배우게 한다.

셋째, 부모 자신을 믿지 않는다.

부모 자신을 모든 문제의 원인으로 성찰해보는 마음이 중요하다. 옛 어르신들의 사과 문구는 '제가 자식을 잘 못 키워서'에서 시작했다.

겉치레든 인사치레든 아름다운 말이라고 생각한다. 이 말이 진심이 되어 자신을 돌아본다면 자녀가 더욱 행복할 것이다.

자녀 또한 비난일색이 아닌 자신을 점검하는 부모 밑에서 자신을 점검하며 자신의 문제점들을 알아갈 것이다. 아이들을 키우다 먼저 급하게 야단치고 난 뒤 사실과 다르게 야단쳤다는 것을 알 때가 있다. 아이도 엄마의 감정에 잠시 주춤하며 야단부터 먼저 맞고 조금 뒤 알려주는 것인데 이럴 때 엄마가 바로 사과를 하면 아이들이 너무나 흐뭇해한다. 엄마가 잘못을 인정했기 때문인데 앞으로도 이렇게 사실과 다를 때 말할 수 있다는 신뢰감이 기분 좋은 것이다. 엄마가 화가 났다면 진실은 필요 없이 다 끝난 것 같은 독재와 달리 잘못 파악된 내용을 인정하고 수정할 때 자녀들은 해소가 되고 엄마에게 믿음을 가지게 된다. 순간순간을 내 잘못으로 인지하고 시작해 가는 엄마와 아빠의 겸손한 태도는 자녀에게 더 큰 신뢰를 받게 된다.

찰스 디킨즈는 그의 한 작품에서 이러한 말을 했다. "어린 아이들의 세계에서는 다른 무엇보다도 불의를 경험하는 것이 가장 큰 괴로움이다." 불의를 부모를 통해 경험하는 것은 괴로움 중에서도 가장 큰 괴로움 일 것이다. 부모 된 나를 돌아보는 자세를 배울 수 있는 기회를 놓치지 말자.

믿어주되 끝까지

믿음은 시작했을 때 시간은 무시되어야 한다. 믿는다는 것은 시간과 사건을 통과하면서 진실의 유무가 밝혀진다. 믿음은 인내라는 단어로 대체되어서는 안 된다. 믿음은 도리어 기쁨이라는 단어로 대체가 가능하고 자유라는 단어로도 대체가 가능하다. '믿음 = 기쁨 = 자유'는 이 믿음을 공유한 두 대상 사이에서 같은 작용을 일으킨다. 부모가 자녀를 기쁘게 믿으며 자유롭게 풀어 줄 때, 부모 자신이 기쁘고 믿어지고 자유로워진다. 자녀 또한 부모가 기쁘고 미덥고 좋다.

사람의 마음이 몸으로 나타난다는 사실은 다들 인정한다. 그렇듯이 사람 마음의 어떠함이 현실로도 나타난다. 믿음, 기쁨, 자유도 보이는 현상으로 관계를 통해 나타난다. 서로의 관계에서 확연히 인식된다.

넓은 곳에서 뛰어 놀면 즐겁고 시원한데 비좁은 실내 공간에서 계속 놀아야 하면 답답하고 짜증이 나듯이 좁은 가슴에서 키워지면 답답하고 짜증이 나게 되어 있다. 믿음은 마음의 방 중에 큰 영역이다. 이 방에서 키워진 아이들은 즐겁고 시원하다.

우리 집 아이들이 어떤 존재가 될까 기대되고 흥분된다. 믿고 기다리는 것은 성적, 학교, 연봉을 위해서가 아니라 행복하기 위해서이다. 사랑하기 좋아서이다. 부모에게 사랑 받고 신뢰 받은 자녀는 어느 누구를 만나도 당당하다.

자녀에게 부여한 믿음과 자유는 자녀의 생애 동안 풍성하게 열매 맺어 탁월함을 드러낼 것이다. 인사가 만사인데 그 인사를 해결해 갈 상호 신뢰, 상호 자유는 삶의 동력이 될 것이다.

믿어주되 끝까지 믿어주고 특별히 사고 칠 때 믿어주면 더 좋겠다. 남편이 사고 쳐서 돈을 날렸는데 그 남편을 믿어주는 아내가 있다면 가정이 행복할 뿐만 아니라 그 남편은 대성할 것이라고 믿는다. 자식이 사고치고 돌아다닐 때 머리카락을 마구 헝클어 쓰다듬으며 웃어주고 말도 안 되게 시험을 망친 날 치킨을 사 주자. 그렇게 마음을 바꾸면 점점 더 믿을 만 해질 것이다. 미움은 고통이고 사랑은 행복이듯이 걱정은 고통이고 믿음은 행복이다.

Chapter 08

미안해하지 않기 그리고 본보이기

Let
Them
Be

세상에 미안한 부모는 없다. 부모와 자녀는 선택이 아닌 하늘로부터 부여받은 관계이다. 그냥 감사하면 된다. 부모도 자녀가 감사한 것이고 자녀도 부모가 감사한 것이다. 미안해하지 말자. 부모는 모든 한계 속에서 최대한의 사랑을 하고 있다.

자녀는 부모의 말보다 삶을 통해 배운다. 자녀교육에 모든 마음과 자원이 투자되고 자신의 삶을 잃어버린 부모는 도리어 삶을 통해 보여주는 교육을 놓치게 된다. 자녀 교육은 부모교육이어야 하고 부모교육은 내 자신의 인생 교육이어야 한다. 부모가 나라는 한 사람으로 살아가는 인생에 자녀가 동행하면 그 자체가 바로 자녀 교육이다. 자녀 교육은 쉽고 재미있는 행복한 일이다.

엄마가 없으면 나도 없다.

대부분의 부모는 자녀를 사랑할수록 미안해한다. 우리나라 정서에 깊게 깔린 감정이다. 호의호식 못해주는 부모가 갖는 자괴감이다. 예전에는 신분제도 때문에 미안하고 못 먹이는 것으로 미안해했다면 이제는 자녀라는 존재가 나라는 사람에게서 태어난 것을 전반적으로 미안해하는 것이다. 이 미안함을 최대한 줄이는 모습이 헌신으로 나타난다.

자녀를 너무 사랑하는 마음에 더 좋은 부모 밑에서 태어나면 좋았으리라는 미안함은 설정이 완전 불가능하다. 한 존재가 태어날 때에 물려받은 난자와 정자의 결합을 통한 창조는 그 부모와 그 찰나가 사용되어진 신비이다. 부모도 원하는 식단 고르듯이 고른 것이 아니라 그냥 받은 것이다. 아들인지 딸인지도 몰랐고, 성격 외모 재능도 몰랐다. 그냥 받은 것이다. 선택 할 수 있는 것이 아니다. 배우자와 친구는 선택 가능하지만 부모 자녀의 만남은 서로의 선택이 아니라 하늘로부터 그냥 주어진 것이다. 이렇게 주어진 것은 그냥 감사하는 것이다.

사람으로 태어난 것은 영광이다. 존재성은 한 사람마다 받은 놀라운 선물이다. 내가 존재하는 것에 대한 감사는 나를 존재하게 하는 부모와 나로부터 존재되어지는 자녀를 사랑하게 한다. 나는 모든 부모 하물며 살인자 부모라도 부모는 나를 존재하게 한 것만으로 감사해야 한다고 생각한다. 양육과정의 상처나 문제는 이차적인 일이다. 먼저 이 부모가 아니면 나는 존재할 수 없었다는 것으로 감사해야 한다. 부모의 가치성을 점수화하면 개인의 존재성을 정의하기가 어려워진다.

다시 되돌려 생각해보면 어떤 부모도 자녀에게 미안해해서는 안된다. 7장 '믿어주기'에서 중요한 세부사항 항목 중 '부모 자신을 믿지 않는다.'는 것은 존재론적 관계에서의 믿음이 아니다. 양육과정에서 파생될 수 있는 실수를 인정하자는 것이다. 내가 너를 존재하게 한 것으로 그리고 내가 최선을 다해 사랑해 가는 것으로 이미 부모는 위대하다. 자녀 앞에서 미안해하고 자괴감을 가질 이유가 없는 것이다. 도리어 감사하라고 가르쳐야 한다.

나는 우리 아이들이 우리 집에서 태어나 준 것에 대해 하나님께 감사하고 아이들에게도 고맙다. 더하여 너도 나로 인해 태어난 것에 감사해야 한다고 가르친다.

우리 결혼 생활 18년 세월 중에 15년을 반지하나 지하에서 살았다. 여름 장마철에 식물이 자라듯이 무성한 곰팡이가 핀 적이 한 두 번이 아니다. 한솔이 돌 전 이었다. 옷을 말려도 퀴퀴한 냄새가 나는 지하 유리창이 없는 집에서 몇 년씩 살기도 했다. 교회교육관에 텐트를 치고 살다가 한이 출산에 겹쳐 지하 원룸을 얻은 적도 있다. 교회가 공간이 필요한 시기나 재정이 부족하면 사택을 빼고 교회 지하 한 쪽을 방으로 사용하기도 했다.

이런 통에도 멋진 아빠 덕분에 캐리비안베이에 간다. 비수기 행사인 카드사 만원 할인 혜택 기간을 맞추어서 아직 추운 6월에 주로 갔다. 체온 유지를 위해 동작을 멈출 수 없었다. 추위를 견디기 위해 도착해서 떠날 때까지 열심히 놀았다. 너무 심한 일정 탓에 돌아올 때는 다들 쓰러져 잠이 들었다.

옷을 사 준 적은 거의 없고 다 얻어 입혔다. 신발에 양말도 얻어 입혀 마트에서 의류를 사 본 기억이 별로 없다. 지인들이 물려주는 옷 덕분에 키웠다. 물려받기가 여의치 않은 나이가 되면 몇 벌 옷과 일 년에 신발 한 켤레씩으로 애들을 키웠다.

학원 하나 보낸 게 없다. 물론 이 사실이 자녀들은 무지 좋아하는 항목이지만 부모인 내 마음이 가정 형편 때문에 충분히 지원하지 못해서 안타깝다는 입장으로 접근한다면 미안한 항목이 될 수 있다고 본다.

교회차를 타는 우리 집의 첫차는 타우너였고 지금은 사올 때 이미 50만km를 넘게 탄 소나타 중고택시다. 100~300만원 사이의 중고차로 살아왔다. 도로 교통법을 어기며 5인승 차에 7명이 타고 다닌다. 어디 움직일라치면 한이와 한비 체격이 커져서 다들 겁먹는다. 차곡차곡 겹쳐 앉아 타고 다닌다.

지하 개척교회 사모인 나에게 첫째 한샘이가 초등학교 시절 "엄마, 우리 돈 많아요?" 라며 묻기에 모든 정신적 영적 자산을 다 계산한 엄마는 "엉, 엄청 많지." 라고 주저함 없이 대답했다. 너무나 명쾌하게 말해서인지 1~2년이 지난 후 우리 집 자산이 147억원이라는 한샘이와 그의 친구들의 풍문을 들었다. 우리 아들이 자신을 '자산가 아들'로 여겨 유산 기대하고 이상하게 자랄까봐 치킨 사주면서 현찰 없고 빚도 있다고 알려줬다. 그날 한샘이가 아무래도 안 믿겨지는지 두고두고 진짜인지 확인했다. 지금도 명절에 부모님 용돈 드리고 생활비 부족하다며 아이들 명절 용돈도 거둬가는 집인데 의견 많은 우리 집 아이들이 안타까워하면서도 주머니를 털어낸다. 다만, 이 글을 쓸 때 자녀들의 이름을 사용하는 관계로 의견이 분분해 지분 나누어 주기로 약속했다. 내 수입의 5%, 4%, 3%, 2%, 1% 나누어 주기로 하고 허락받아 이름을 사용한다. 한비, 한결이는 상황을 잘 모르니 내가 떼어먹을 것 같고 위의 세 아이에게 12%를 나누어 주어야 할 상황이다. 이건 약속이라 지급해야 한다.

갓 태어난 신생아들이 엄마인 나의 사역에 따라다녔다. 한샘이는 40일 지나 먼 거리에 있는 엄마의 사역지에 따라다녔고 한솔이는 공동체로 살아갈 때 바글바글한 사람들 속에서 키워졌다. 한이는 2주차에 쌀쌀한 11월의 산 속에 가서 수련회를 위해 일박을 해야 했고 한비는 입양과 동시 생후 19일에 모든 활동을 다 함께 했다. 한결이는 3주차에 돌아다녔다. 거의 다 출생 3주 사이에 나들이가 시작되었고 갑작스런 외출에 이유식을 못 싸가지고 나갈 때는 대충 먹인 적도 많다. 밤마다 식사 하고 상담하는 사람들과 놀러온 아이들로 우리 집 아이들은 일찍 자 본 적이 별로 없었다. 밤마다 북적거려 행복한 밤을 보내지만 너무 늦게 자 아침에 일어나는 것을 힘들어 했다. 요즘이 가장 일찍 자는 편으로 10시 30분경에 주로 잔다.

나와 남편은 누리끼리한 동양 얼굴에 보통 외모다. 너무 예쁜 엄마와 그 옆에 꼭 닮은 너무 예쁜 딸을 보면 3초 정도 미안하려다 그래도 안 미안해진다.

아직도 우리 친정어머니 성격인 나는 위의 말을 열거하자니 어색하다. 미안하기로 따지자면 내가 누구보다 미안한 부모라는 것을 말하고 싶었다. 나도 처음부터 이렇게 안 미안했던 것은 아니다. 미안한 마음이 많았다. 위에 열거한 양육환경 말고도 유전적 미안함도 있다. 우리 남편은 170cm 정도의 신장인데 내 키는 150cm가 채 안 된다. 친정 식구 전부 키가 작은 집이다. 내 유전자에 가까운 아이들은 유독 작아 잘 먹여도 키가 잘 자라지 않는다. 날 꼭 닮은 막내 한결이는 본인 반에서 키가 제일 작다. 나도 15년 전에는 미안해했다. 첫째 한샘이를 키울 때 옆집 아이가 쑥쑥 커가는 것을 보면서 축복하기보다 스스로 불행해졌다. 나 때문에 키 작은 자녀를 볼 때 아쉽고 속상하고 미안했다.

부모가 미안해하는 그 일은 부모가 불안하기에 주목하게 된다. 신기하게도 주목하면 할수록 싫은 한계가 곧 굴레가 되어 자유를 앗아간다는 것을 배웠다. 미안함을 털고 당당해지는 것이 부모인 내가 가질 마음이었다. 먼저는 나를 위해 그리고 자녀를 위해서였다.

요즘도 '엄마 키가 작아서'라는 불경한 문장이 우리 집에서 종종 나올 때가 있다. 아무도 대변해 주지 않으니 내가 직접 한 마디 한다. "내가 너 안 만들었다. 나한테 그러지 마라. 나는 너를 배 아파 낳아 열심히 키워 온 죄 밖에 없다. 따지려면 하나님께 따져라. 그분이 만들었다." 150cm 엄마가 어찌나 당당한지 애들도 설득되어 수긍하는 표정이다.

한솔이가 초등학교 때 짧은 편지 글을 썼는데 큰 감동을 받았다. 부모님께 감사하다는 어버이날 글의 맨 끝 문장에 '엄마가 없으면 나도 없다.'라고 쓰여 있었다. 가슴에 찡하게 박힌 문장이다. 부모님이 안 계시면 우리가 없었고 우리가 없었다면 자녀가 없는 것이니 서로를 향해 미안해하지 말자. 스스로도 당당해하고 서로에게 고마워하자.

'미안해하지 않기'를 자녀 양육 마지막에 쓴 이유가 있다. 많은 가정을 보니 부모가 미안해 하니 자녀가 이상한 믿음이 생긴다.

"유산 못 물려줘서 미안하다." 가 "유산도 못 물려주는 우리 집."을 믿게 한다.

"부모가 머리가 나빠 미안하다." 가 "엄마와 아빠 머리를 유전적으로 받아서 나도 머리가 나쁘구나."를 믿게 한다.

"외모가 안 예뻐서 미안하다." 가 "부모님 때문에 나도 못 생겼다."를 믿게 한다.

"결손가정이라서 미안하다." 가 "나는 결손가정에서 자라서 불행해."를 믿게 한다.

자기 인식과 가치관 안에 미안함에서 출발된 부정적인 항목들이 마음속에 똬리를 틀고 자리 잡는 것을 본다. 자기 자신을 향한 인지편향으로 새로운 나를 향한 도전을 포기한다. 나를 이정도로 밖에 못 키우신 것을 미안해 하셔야 한다고 믿게 된다. 감사하고 사랑해야 할 관계를 아쉬움과 피해의식으로 채우게 된다.

내가 만약 키가 작고 누런 외모에 가난하고 못 배운 부모인 것을 존재하고 사랑해 준 것보다 앞세웠다면 미안한 마음은 우리가정의 뿌리 깊은 존재양상이 되었을 것이다. 오늘도 학교 다녀온 한이와 뽀뽀하고 포옹하며 "어찌 이런 아들이 엄마 아들로 태어났나. 영광이다." 라고 하니 한이가 "저도 엄마가 내 엄마라 영광이예요." 하고 말한다. 네가 내 자녀라 고맙다는 말에 아이들도 엄마가 내 엄마라 고맙다고 하는 것이다. 진지한 고백조가 아니라 감탄사로 나오는 서로의 울림이다. 서로를 존재하게 하고 엄마가 되고 자녀가 되어 사랑하니 그냥 감사하고 고맙다. 부모가 자녀에게 '그냥 항상 기뻐하기'를 하고 부모도 자녀에게 '그냥 항상 기뻐하기'를 해 달라고 하면 된다.

혹시나 옆집 엄마와 아빠가 좋다면 내가 보내줄 테니 그 집 가서 양자녀 삼아달라고 해보라고 내보내면 어떨까? 아무리 훌륭한 분이라도 나를 자녀 삼아 사랑할 부모가 아니라면 아무 의미가 없다. 부족해도 사랑할 마음으로 충만한 것이 가장 좋은 부모조건이다. 아무리 멋진 남자라도 날 사랑할 마음이 없는 사람보다 서로 부족해도 너 밖에 없다기에 배우자가 소중한 이유와 같다. '꿩 대신 닭'이라는 마음은 가슴이 아프다. 나에게 너라는 선물이 주어졌기에 한 없이 소중한 마음이 사랑이다.

정말 축복 받은 사람 '닉 부이치치'

'허그'의 저자 닉 부이치치는 "손도 없고, 발도 없고, 절망도 없다!" 라는 문구로 자신을 소개한다. "난 정말 축복받은 사람이다. 지금 나는 그 누구도 상상하지 못했던 인생을 즐기고 있다. 나는 내 삶을 사랑한다." 라고 외치는 행복한 사람이다. 사람들이 그에게 묻는 질문 중 다수가 "어떻게 그렇게 행복하게 사는가?" 이다. 그가 누구보다 행복한 사람이 된 계기 중에 큰 계기는 누구보다 불행해 보이는 출발선을 가졌기 때문이다.

닉은 '해표지증'이라고 하는 기형으로 팔 다리가 없이 태어났다. 작은 왼발 하나만 뭉뚝하게 몸에 붙어 있었다. 출산 당일 간호사 출신의 엄마는 너무 놀란 나머지 "저리 치우세요! 보고 싶지도, 만지고 싶지도 않아요!" 라고 했고 아빠는 부축을 받으며 병실을 나가셨다.

두 분은 닉은 낳고 어떤 삶을 살게 될지 걱정이 많았다. 행복하지 못하다면 빨리 죽는 것이 나을 수 있다는 생각도 했고 입양도 고민했다. 고민 끝에 최대한 잘 키우는 것이 본인들의 책임이라는 결론을 내렸다. 하지만 여전히 '혼자 밥 먹는 법을 깨우칠 수 있을까?', '학교는 잘 다닐까?', '우리에게 무슨 일이 생긴다면 누가 보살펴 줄까?', '당당히 독립해서 살아갈 수 있을까?' 등 수 많은 고민을 했다.

닉 스스로도 "개인적으로는 장차 어떤 일을 겪게 될지 짐작할 수 있을 만큼 나이가 든 후로 줄곧 절망감에 시달렸다. 낙관적인 일들이 나를 기다리고 있으리라고는 상상조차 할 수 없었다. 내가 남들과 다

Let Them Be 자녀들을 내버려 뒤라

르다는 것이 유난히 마음을 후벼 팔 때면 늘 영혼의 암흑기가 찾아왔다."고 한다.

학교 시절 아이들은 괴물이나 외계인이라는 말로 비수를 꽂았다. 엄마는 학교에서 짓궂은 아이들에게 시달리고 돌아온 어느 날, 팔다리가 없어서 미칠 것 같다는 닉를 끌어안고 한동안 서럽게 울기도 하셨다. 10살에 욕조에 의도적으로 빠져 죽을 계획을 실행하려다 멈춘 적도 있고, "21살에는 자살하려한다." 고 남동생에게 말한 적도 있다. 그날 아버지는 따뜻하고 부드러운 목소리로 "우리가 있는데 뭘 그렇게 걱정하니? 걱정마라. 모든 일이 다 잘 풀릴 테니. 항상 네 곁을 지켜주겠다고 약속하마. 넌 잘 될 거야." 라고 말씀하셨다. '그날 밤, 나는 마음 놓고 기댈 든든한 기둥을 얻었다. 아이에게 아빠의 확인만큼 확실 한 게 또 있을까?' 닉은 아버지의 말에 대한 감상을 이렇게 기록하고 있다.

전문가들은 장애를 가진 다른 아이들과 어울리게 하자며 특수학교에 진학을 제안했다. 닉의 부모는 이를 거부하며 틈만 나면 "닉, 너는 정상적인 아이들과 놀아야 해. 너도 정상이기 때문이지. 너는 몇 가지 사소한 신체 조직이 없을 뿐이야. 그게 전부야." 라고 말했다. 닉의 부모는 닉도 모르는 사이에 닉이 온갖 꼬리표와 규제를 벗어나 자유롭게 살아갈 수 있고, 인간이라면 누구나 똑같은 권리를 가지고 있으므로 특정 범주로 자신을 제한함으로 자유를 포기하는 것은 안 된다고 가르쳤다. 오스트레일리아를 통틀어 정규 교육 과정을 이수한 첫 번째 장애 아동이 되어 지역신문에 '통합 교육으로 일궈낸 장애 소년의 꿈'이라는 헤드라인으로도 실렸다.

내 자신을 닉의 부모라고 상상해 보자. 미안한가?

그렇다면 또 내 자신을 닉이라고 상상해 보자. 미안한가?

이 감정이 미안한 감정 하나 없이 마냥 기쁨으로 시작된 관계는 아니었지만 끝내 기쁨, 감사, 환호, 행복을 만들어냈다. 낙관할 것이 하나도 없는 상태에서 행복을 일궈냈다. 서로를 미안해하지도 탓하지도 않았다. 닉의 부모가 슬프지 않았을 리가 없고 좌절하지 않았을 리가 없다. 단 슬픔은 기쁨보다 작았고 좌절은 믿음보다 작았다. 닉에게 기대와 믿음과 독립가능성을 심어주었다.

닉은 부모의 믿음과 당당함대로 자랐다. 행복을 전하는 이야기 강사가 되었고, 작가가 되었다. 운동과 음악에 능한 자가 되었다. 스케이트보드를 타고 서핑을 하고 악기를 연주하고 골프공을 친다. 세계 여러 나라를 순회하며 믿음과 희망을 전한다.

사랑하는 사람을 안아줄 팔이 없다며 좌절했던 닉은 자신을 안아줄 팔이 아름다운 여인을 만났다. 좌절을 딛고 일어난 그의 이야기는 사람들에게 희망과 용기를 주었다. 도전을 멈추지 않는 사람이 되었고, 밝고 강하고 행복한 사람이 되었다.

나를 묶고 한계를 짓는 사람은 다른 사람도 묶고 한계를 짓는다. 자유로운 사람은 다른 사람에게도 자유를 선물한다. 당당한 부모는 당당함을 선물하고 미안한 부모는 미안함을 통해 슬픔과 한계를 선물한다. 닉의 부모는 스스로의 좌절을 극복했고 닉이 좌절을 극복해 가는 것을 도왔다. 바로 자신의 삶과 닉의 삶을 있는 그대로 기뻐한 것이다.

당신이 부모라면 당신은 위대한 사람이다.
세상 어디에서도 보기 어려운 사랑을 시작한 것이다.

똑같은 눈꽃송이가 없듯이 똑같은 사람이 없고 똑같은 부모나 똑
같은 자녀도 없다. 우리는 사랑하려고 만났다. 우리는 다 위대하다.
잊지 말자. 우리는 부모라는 이름의 위대한 사람이다.

어린 친구와 함께 하는 인생 숙제

자녀 교육은 스무 살까지의 건전한 사회 시민 정도가 목표가 아니라 한 존재의 100년짜리 성장 일기이다. 부모란 30~40년 살고 성장일기 60~70년이 남은 존재이고 자녀는 1년 살고 성장일기가 99년 남은 존재이다. 가족은 부모와 자녀가 동거 동락하는 이야기이다. 부모는 자녀보다 풍부한 경험과 능력을 가지고 있고 자녀는 부모보다 불완전한 상태에서 만난다. 어떤 면에서 부모 또한 자신의 현재 나이는 처음 살아보는 인생성장일기의 한 과정을 거치고 있다.

부모는 '나는 겪어 봤고 살아 봐서 안다. 너를 도와 줄 수가 있다.'라는 인생 선배로서의 사랑이 있다. 먼저 살아낸 부모가 이제 시작하는 세대를 보니 들려주고 싶은 말이 많다. 먼저 살아본 30~40년의 인생 선배로 자녀를 교육하기 시작한다. 장기를 둬도 본인이 두는 것 보다 훈수를 둘 때 더 잘 보인다. 내 일을 잘 하기는 녹록치 않은데 남의 일에 대해 말하라면 더 쉽다.

그럼에도 불구하고 경험, 능력, 사랑을 가진 부모로서의 역할이 쉽지가 않다. 때론 무엇이 좋은지 잘 모르겠기도 하고 대상인 자녀가 거부하기도 한다. 약을 먹었는데 독의 결과가 나오기도 한다. 어느 집은 자녀가 부모의 사랑에 목말라 하기도 하고, 어느 집은 너무 과한 부모의 사랑에 자녀가 자유를 갈망하기도 한다. 자녀는 성장할수록 부모로부터 자유롭고 싶어 하는데 부모의 관심은 더 깊어진다.

모든 사람은 천성이 다르고 세대가 다르고 감정과 목표가 다르다.

자녀 교육은 완전히 다른 한 인격체를 다른 세대 사람인 부모가 양육하는 일이다. 다른 세대의 다른 존재이기에 내 경험이 있다 해도 실제 적용이 어렵다.

더하여 부모도 부모라는 역할만이 아닌 30~40대를 거쳐 50대로 접어드는 자신의 인생숙제가 있다. 부모는 자녀의 인생숙제에 몰입하다가 내 인생의 나이가 아닌 자녀 인생의 나이로 살아가기 시작한다. 자신의 인생을 바쳐 자녀의 인생에 의미를 건다. 자녀의 삶을 나의 삶으로 여기고 살다보면 부모 자신의 인생숙제를 자신도 모르게 마감해 버리게 된다. 자녀는 나의 인생 의미에 부모의 인생 의미까지 만족시켜 드려야 하는 부담이 생긴다.

자녀는 부모를 보고 배운다. 우리 남편이 우유 배달을 한 적이 있다. 나중에 신문 배달도 해 봤는데 우유배달은 수금이 어렵다. 신문배달은 직원으로 배달하고 수금에 책임이 없는데 우유배달은 소규모 사업자 형식이라 지역을 권리금으로 양도하는 체계다. 우유를 사서 배달하고 한 달의 수금으로 갚는 구조라 미납된 금액이 있어도 본사에 우유 값에 해당되는 돈을 입금해야 한다. 통장 입금이 안 된 댁들에는 전화 드리거나 방문해서 수금을 한다. 두세 달 내지 더 길게 미납되거나 때로는 몰래 이사 가시는 분들이 많아 고초가 크다.

선 지급은 되었는데 전화상으로는 약속하고 늘 입금이 되지 않아 세 달 이상 밀리기가 일쑤인 집에 방문수금을 갔다가 수모를 당했다. 집까지 찾아와 초인종을 눌렀다며 미안한 기색 하나 없이 분노하는 엄마 고객 뒤에 그 딸이 같은 눈빛으로 팔짱 끼고 서 있는데 너무나 똑같아서 깜짝 놀랐다는 이야기를 들은 적이 있다.

인품이 대물림 된다. 부부도 닮았고 부모와 자녀도 닮았다. 부부는 다른 색깔의 같은 그릇처럼 닮았다. 기질은 반대 같으나 사람 됨됨이 그릇의 크기는 같다. 자녀는 부모의 붕어빵처럼 닮았다. 부모의 생각, 감정, 말씨, 행동, 인간관계, 습관 등을 다 닮아 간다. 대물려지기 때문에 그렇다. 책임감, 양심, 도덕성, 열정, 창의성, 인내심등이 대물려지는 것이다.

부모님의 입을 통해 행복한 인생의 방법론들을 듣기보다 행복한 인생의 모습을 본다면 더 쉽게 행복해진다. 부모님의 입을 통해 성공할 인생의 방법론들을 듣기보다 성공하는 인생의 모습을 본다면 더 쉽게 성공한다.

부모의 자격이 매겨져 있다거나 1등 부모가 되어야 한다는 말이 아니다. 인생을 고민하고 자신이라는 존재를 찾아 고민하는 부모, 부단히 분투하고 자신의 자아를 들여다보려 애쓰는 부모, 새로운 일들에 젊은 영혼으로 뛰어들고 상처가 생겨도 새로이 도전하는 부모, 때때로 관계에 상처나 어려움이 생겨도 다시 신뢰를 선택하는 부모, 나이와 돈 때문에 꿈을 포기하지 않는 부모면 된다. 부모가 찾고 사고하고 수정하고 고민하고 재도전하면서 새 꿈을 꾼다면 자녀도 그리할 것이다. 자녀는 더욱 쉽게 도전하고 용서하고 인내하고 성취할 것이다.

만약 부모가 인생에 대한 패배의식, 사람에 대한 불신, 일에 대한 무기력, 삶에 대한 두려움이 가득하다면 자녀도 그리할 것이다. 자녀

앞에서 상한 감정으로 부모가 돈 때문에 싸우고 날 돌아봐 주지 않는다고 싸늘한 분위기로 원망하며 인생이 힘겹다고 좌절한다면 그 자녀도 싸우고 싸늘하고 원망하고 힘겹고 좌절할 것이다.

사랑하고 배려하고 열정을 가지라는 말보다 우선되는 건 사랑하고 배려하고 열정을 가진 부모의 삶이다. 자녀는 부모의 입이 말하는 삶이 아닌 부모의 가슴이 터득한 삶을 물려받는다. 말로 스무 살까지 알아야 할 사항을 듣는 것이 아니라 부모의 살아가는 모습을 본다. 그리고 따라한다. 자신의 작은 날개로 엄마 아빠의 날개짓을 따라하는 것이다.

부모는 자녀의 첫 번째 스승

부모는 자녀의 첫 번째 스승이다. 사랑과 보호로 출발된 특별한 관계이자 더불어 인생 살아가는 법을 처음으로 알려주는 스승이다. 책을 가지고 배우는 것이 아니라 존재로 가르쳐주는 수업이다. 매 시간이 교육되어진다. 감정, 언어, 가치, 관계, 능력이 교육되어진다.

'믿어주기'에서 거론한 바 있는 '상처받은 내면아이 치유'의 저자 존 브래드쇼는 "부모가 할 일은 아이들을 가르치고, 그들의 모델이 되는 것이다. 아버지가 남성의 모델이 된다면, 어머니는 여성으로서의 모델이 된다. 어머니와 아버지는 건강한 성적 모델뿐만 아니라 건강하고 친밀한 관계모델이어야 한다. 나아가 어머니와 아버지는 명료하게 말하기, 들어주기, 원하는 것을 요청하기, 갈등해결 등과 같은 건강한 의사소통기술의 모델이 되어야 한다." 라고 말한다.

부모의 말과 행동을 통해 나타나는 존재성은 자녀에게 이론과 실제를 다룬 종합교육이 된다. 존재가 된 부모는 존재가 되어가는 한 아이를 도울 수 있다. 내면과 외면이 계속적으로 변화 성장해 가는 부모는 자녀의 개별성이나 성장 시기에 따른 복합성을 기다려주고 도와줄 수 있다. 한발 한발 걸어가는 부모의 인생이 다시 말해 자녀교육이 되는 것이다. 어렵고 힘들게 보면 한없이 어렵고 힘든 일이지만 간단하게 보면 간단하다. 부모라는 나를 통해 세상에 태어난 한 인간이 나와 같이 살아가며 나를 닮는다. 이를 다시 보면 자녀 교육은 부모교육이어야 하고 부모교육은 내 자신의 인생 교육이어야 한다.

존 브래드쇼는 "건강한 사람의 삶은 '계속해서 성장 한다.'는 특징을 가지고 있다. 어떤 의미에서 우리는 전 인생에 걸쳐 의존적인 채로 있다. 끝없이 우리는 사랑과 상호작용을 필요로 한다. 어느 누구도 다른 사람과 아무 상관없이 자신만으로도 충분하다고 말할 수 있는 사람은 없을 것이다. 이것은 사실 의존성과 독립성의 균형에 대한 문제이다." 고 또한 말한다. 함께 같이 성장해 가는 과정에서의 의존성과 독립성의 균형을 이야기하고 있다. 부모 자녀의 관계에서 나타나는 의존과 독립은 함께 계속해서 성장하기의 과정이다. '나는 누구인가?' 하는 고민이 인생철학이고 '자녀와 함께 하는 삶'이 자녀양육철학이다. 같이 살아가는 것이 바로 '본 보이기'이다.

2017년 8월 방영 된 MBC스페셜, '퇴근 후에 뭐하세요? - 사생활의 달인들' 편에는 본직 외에 다른 제 2의 삶을 꿈꾸는 사람들을 소개한다. 제주도로 해녀수업 가는 대학병원 원무 팀 책임자와 내과 의사, 복싱하는 응급실 간호사, 퇴근 이후 발레 배우며 공연 준비하는 직장 여성을 소개한다.

그 중 소개된 어모씨는 대기업 연구원이면서 직장인 DJ모임을 참석한다. 어모씨는 새벽 5시 반에 일어나 6시 15분에 출근, 오후 5시에 퇴근한다. 퇴근 이후 3시간을 이동해 서울 성동구에 있는 직장인 DJ모임에 참석한다. 회사 야유회 DJ를 도맡아 하는 어모씨는 "대학생 때 일주일에 두 번 세 번 디스코클럽을 다니면서 음악을 되게 좋아했어요. 나도 해 보고 싶었어요." 라고 말하며 DJ를 꿈꿨던 대학시절을 말한다. 오랜 망설임 끝에 직장생활에 지쳐 자신의 꿈을 잃어가던 어모씨가 45세의 나이에 과감하게 장비를 사들이고 퇴근 이후 DJ모임에 참석하기 시작한 것이다.

그의 아내는 "올 것이 왔다. DJ에 대한 로망이 있었어요. 장비가 엄청 비싸긴 하지만, 남편이 그동안 너무 열심히 살았어요. 귀여워요. 그 때의 귀여움이 살아나는 것 같아요. 처음 만났을 때." 라며 웃는다.

집은 시시때때 춤판이 벌어지고 사춘기 아들과 대화도 늘었다. 16세 아들은 "확실히 많이 달라지신 것 같아요. 아빠가 보통 집에 들어오시면 핸드폰 하시고 바로 주무시고 그러셨는데. 힘드셔서 '자자.'라는 말 밖에 안 나오시는 거 같더라고요. 요즘은 DJ 하시면서 가족이 같이 놀자고 하시고 말투도 예전에는 되게 힘들어 보이셨는데 지금은 활기차게 말씀하시니까." 라고 말한다.

12살 딸은 "딱 보기에도 즐거워 보이지 않으세요?" 라고 말한다. 가족들은 남편이자 아빠인 어모씨가 대학시절의 꿈을 찾아 흥분되어 의욕적으로 바뀌어가는 것을 응원하며 좋아하고 있다. 아빠의 꿈은 가족 전체에게도 활력을 불어 넣어 주었다. 또한 대화의 주제도 찾기 어려운 사춘기 아들과의 대화와 만남이 잦아졌다. 아들, 딸 두 자녀 또한 아빠의 꿈 찾기를 지지하고 아내 또한 응원한다.

가족들은 직장생활에 지친 남편이자 아빠인 어모씨가 자신이 좋아하는 일을 찾아 행복해 하는 모습에 자신들 또한 행복해 한다. 아빠가 한 사람으로 꿈꿔가는 일에 자녀들의 감정도 부풀어 오른다. 행복한 사람과 있으면 공기가 가벼워지는데 불행한 사람과 있으면 공기가 무서워진 느낌이 든다. 행복한 사람 주위에는 모이고 싶고 불행한 사람 주위에는 피하고 싶어진다. 부모의 의욕적인 모습, 행복한 모습은 자녀에게도 의욕과 행복을 선물한다. 서로의 감정이 같이 흥분되어진다. 감정이 바이러스처럼 퍼진다. 공감이다.

이끌기보다 함께하기

자녀의 인생에 초점을 두기보다 내 인생에 초점을 맞춰 한 발 한 발 살아가야 한다. 앞서서 이끌어 주려고 하기보다 같이 걸어가는 이 길에 각자의 숙제를 숭고하게 바라보며 함께 하는 것이다. "너와 내가 만나 함께 해 가니 좋구나." 하고 함께 살아가는 것이다.

"엄마 아빠도 이 나이를 처음 살아 본다. 네 나이를 살아보긴 했지만 네 나이의 자녀를 처음 키워본다. 힘들고 어려운 일인데 행복하네. 엄마 아빠가 실수해도 이해하고 같이 잘 살아가 보자." 라는 부모의 초대가 자녀에게 얼마나 신선하고 편안할까?

쉽게 돈을 버는 법이 아니라 어렵더라도 자신을 찾는 인생이라는 여행을 즐기는 법을 물려주고 싶다. 산과 골이 많을 인생에서 빠른 길보다 바른 길을 가르쳐 주고 싶다. 가르칠 수 있는 유일한 방법은 내가 먼저 살아가는 길 밖에 없다. 그리고 이 모습은 가르침이라기보다 실은 동행이라고 하는 것이 더 적절한 표현이다.

경험, 능력, 사랑을 내려놓고 같이 걸어가는 자세가 어린 친구가 느낄 답답함이나 거부를 줄여줄 것이라 생각한다. 두려움을 감추는 과한 용기, 미움을 감추는 얕은 친절, 고민을 감추는 경쾌한 화통함보다 그냥 나의 부족함을 고백하는 것이 나을 것 같다. 나이만큼 꼰대가 되기 쉽기 때문이다. 나는 말하는데 대상은 듣지 않는 벽과 같은 대화에 침몰될 지도 모르기 때문이다.

Let Them Be 자녀들을 내버려 둬라

미성숙하고 불완전한 나이 먹어 가는 나와 미성숙하고 불완전한 인생 막 출발한 네가 함께 우리들의 이야기를 만들어 가는 것이다. 모든 가정의 모든 자녀 교육은 재미있고 쉬운 일이 될 수 있다. 자녀를 믿으며 나의 인생의 참된 자유를 찾아 가는 부모는 모든 결과 전에 이미 성공한 부모다.

　오늘은 무엇으로 의미 있게 살까. 오늘은 누구와 하나 되어 행복할까. 마음이 어린아이 같고 청년 같은 멈추지 않는 꿈을 가진 부모 곁에서 꿈꾸는 영혼이 자란다. 부모와 자녀가 친구 된 공동체, 부모와 자녀라는 존재적 격차 없이 눈높이가 같아진 삶, 홀홀 자유롭게 친구 사귈 때의 즐거움으로 어린 친구와 뛰어놀아보는 인생을 꿈꾼다.

'미안해하지 않기 그리고 본 보이기'의 세부적인 참고사항

첫째, 미안해하지 않는다.

미안해 할 객관적 사실이 존재해도 미안해하지 않는다. 사실은 중요하지 않다. 나와 자녀가 나눌 사랑의 관계가 중요하다. 부족함, 과실을 인정하는 겸허함과 괜히 짠하고 뒷골 당기는 미안함은 다르다. 겸허한 마음인 겸손은 관계소통을 더욱 원활하게 하지만 괜한 미안함은 필요 없는 한계를 만든다. 자녀 또한 부모의 미안함을 자신의 문제로 인식한다.

"내가 너를 세상에서 제일 사랑해. 함께 있어서 좋아. 고마워." 라는 부모의 감정에 자녀 또한 같은 감정으로 메아리치게 되어 있다. 부모와 자녀는 미안해 할 사이가 아니다. 그냥 항상 고맙고 기쁜 사이다. 처음 아이가 생기고 태어난 그 날처럼.

혹이나 진짜 미안해서 견딜 수 없다면 더 기쁘게 사랑하자. 내게 준 미안한 요소를 더 큰 기쁨으로 메꾸자. 나는 키 작은 엄마라 고기반찬 열심히 한다. 유전자의 한계를 식생활로 메꾸어 보려는 궁여지책 사랑이지만 애들이 밥 잘 먹을 때 기쁘다. 사랑보다 더 큰 능력은 없다. 가장 사랑해 줄 사람인 부모는 미안해하기보다 사랑하며 당당해야 한다.

둘째, 이름 석 자를 다시 찾는다.

존재를 찾아 고민한다는 것은 사춘기적 정체성 혼란으로 분투했을 때만큼이나 힘든 일이다. 역할이나 기능으로 주어진 내가 더 쉽게 정의된다. 단, 역할과 기능이 멈춘 순간 우리는 다시 해체의 고통을 경험한다. 실직이나 자녀의 결혼 등을 통해 경험하는 변화에 대한 충격들이 산 증거물이다. 외부의 환경이나 관계로 규정된 내가 아니라 참된 나를 찾아가는 것이 중요하다. 내 마음 속으로부터 들려오는 나라는 사람의 모습을 찾아가는 고민이 필요하다. 고민을 통해 사람의 속이 영글고, 내면이 살찐 사람은 본인이 행복할 뿐만 아니라 주변 사람도 행복하게 한다.

부모라는 역할의 내가 아닌 그냥 나였던 나를 찾아야 한다. 자녀 대학입학, 결혼 뒤 허무해서 울지 말고 엄마와 아빠 역할 말고의 또 다른 나를 찾아내야 한다. 내 자신만을 위해 살다가 부모가 되어 자녀를 위해 묻히는 것도 위대하지만 서로를 위해 다시 나를 찾아 떠나야 한다. 어떤 형태든 다 좋다. 각자의 마음의 울림이 달라서 나타나는 형태는 천차만별이다. 뭐라도 좋으니 내 이름 석 자, 나의 존재를 찾아 떠나야 한다.

손가락 사이로 모래 빠져 나가듯 세월이 다 지나가기 전에 고민을 시작하자. 진주 하나를 만들기 위해 모래 한 알을 품 듯 알싸하겠지만, 시간이지나 빛을 발할 것이다. 어떤 모습으로든 '나'라는 '보석'이 인생을 통해 만들어지는 시간이다. 이름 석 자를 꼭 찾자.

셋째, 하고 싶은 일을 찾는다.

돈 버는 일, 해야 하는 일 말고도 하고 싶은 일을 찾아야 한다. 설레고 즐거운 일을 찾아야 한다. 꿈을 찾고 인생을 찾는 부모의 모습이 필요하다. 부모의 인생에 가장 중요한 존재가 부모 자신이어야 한다. 나만 바라보신 부모님의 노후는 너무 부담스럽다. 부모님의 생애가 지속적으로 의미 있을 때 함께 살아가는 자녀도 의미 있어 한다. 부모님에게 세상에서 나밖에 없다면 나는 유학가도 안 되고 죽어도 안 되고 부모님 싫어하는 것 해도 안된다. 삶이 흥미로운 부모가 자녀에게 복이다. 행복한 부모가 자녀에게 복이다.

어린 시절 대통령이 꿈이었던 아이들의 포부는 현실이라는 댓바람을 맞고 쪼그라들어 사라졌다. 태어날 때 평등하게 태어났는데 현실이라는 잣대의 키재기가 우리들을 몰아붙인 까닭이다. 헌데 죽음이라는 또 다른 형태의 평등이 우리를 철들게 한다. 아옹다옹 싸우던 우리들의 모습이 무상해진다. 그만 비교하고 그만 시기하고 그만 싸우고 제 길 가야할 시간이 다가온다. 마지막 시간이 오기 전의 남은 시간은 더욱 귀하다.

쪼그라든 가슴을 활짝 펴고 마음으로부터 들려오는 꿈들을 현실속에서 실행해 보자. 소박하고 작은 것이라도 실행해 보자. 시인이 되고 싶었던 꿈을 서점에 가는 것으로, 흰 백지 앞에 용감하게 머물러보는 것으로 실행해 보자. 백의의 천사를 사랑했던 마음, 고아원 원장이 되고 싶었던 마음을 기관 봉사로 시작해 보는 것은 어떨까? 교사가되어 학생들을 가르치고 싶던 꿈을 동네 꼬맹이들 불러 모아 시작해도 좋겠다.

마음의 소원처럼 각자가 가진 꿈은 재 각각이다. 그래서 멋진 것 같다. 같은 사람이 하나도 없다는 것, 내가 전무후무 유일한 나라는 사실이 값지다. 값진 내면의 나를 흔들어 깨워 실행하자. 움직이자.

넷째, 나 자신을 위해 돈을 쓴다.

자녀를 위해서는 술술 털리는 주머니가 부모 자신을 위해서는 주춤거린다. 자녀의 옷은 툭툭 사면서 나를 위한 옷은 사지 않는다. 자녀의 영양제는 수두룩 사면서 부모를 위한 골다공증 준비는 하지 않는다. 자녀 학원에 필요한 교재나 준비물은 좋은 것으로 사주면서 부모의 취미생활은 내일로 미루고 있다.

한 가정의 경제 수입량의 한정으로 잘 분배해야 하지만 너무나 많은 지출이 자녀에게만 집중되고 있다. 자녀가 충분히 소화해 내는 양을 넘어서는 경우도 많다. 그에 비해 부모 자신의 삶을 위한 투자는 너무나 적다. 친가, 외가 부모님은 노후에 들어서셨고 자녀들은 성장기에 접어드니 부모는 자신을 돌아보기 힘든 나이이기도 하다.

하지만 부모인 나의 인생도 두 번 다시 돌아오지 않는 소중한 30대에서 50대의 나이이다. 갓난아기 때의 전적인 헌신은 필요 불가결이지만 이제 자녀들도 성장하며 자신의 삶을 찾아가고 있다. 엄마와 아빠가 자신을 소중히 여기고 누리고 가꾸는 것이 서로를 위해 더욱 중요하다. 그러기위해서도 한두 가지의 취미 생활을 시작해 보면 좋다. 취미생활에 필요한 돈을 자신을 위해서도 한 달에 일정량 사용해 보기를 권한다.

　우리 남편은 평생 강아지를 키워보는 것이 소원이어서 에바를 데려와 친구가 되었다. 에바와 산책할 때 너무 기뻐하고 행복해한다. 아이들과 즐길 프리다이빙을 위해 장비를 사고 연구한다. 나는 손으로 만드는 것을 좋아하는데 시간과 재정을 이유로 미루다가 이제 코바늘 뜨기를 배우기 시작했다. 수영도 시작했다. 작은 일이지만 나를 위해 시간을 쓰고 돈을 쓰니 기분이 좋다.

행복하게 날 사랑하는 부모

나라를 살리고 국가를 일으킨 위대한 사람만 존경을 받는 것은 아니다. 가족을 위해 열심히 일하는 아빠, 엄마의 땀은 존경 받아 마땅하다. 하지만 부모의 지친 모습은 다시금 미안함과 죄책감을 만들고 더 나아가 피곤함과 서글픔을 만든다. 나를 사랑하는 부모가 자신의 꿈들을 밥벌이에 잃어버리지 않고 행복을 찾아 활기차다면 자녀는 행복하다.

때로 위대한 인물로 존경을 받는 분들의 가족들을 추적해 보면 힘든 시기를 거친 것을 알 수 있다. 위대한 일을 이루기까지 쏟은 시간과 노력은 반대로 가족과의 행복한 시간을 빼앗아 가기도 한다. 큰일을 이루다 일찍 돌아가시기라도 하면 남겨진 가족들이 겪는 정신적, 경제적 고통 또한 크다.

'가늘고 길게 살자.'고 이 말을 하는 것은 아니다. 의도는 그 정도 되어야 존경을 받는 것이 아니라 행복한 부모로 존재하는 것만으로도 충분하다고 말하고 싶다. 부모로서 내 자신이 평범하고 약하고 부족해 보여도 자녀는 행복하게 날 사랑하는 부모를 좋아하고 존경한다.

일부 성공 했다고 자타가 공인하는 개천의 용들도 자녀들은 다르게 말한다. 별 볼일 없다며 자랑할 것 없는 나도 자녀는 다르게 말한다. 자녀는 속으로 낳아서 그럴까? 속과 속이 연결되어져야 행복하다.

위대한 일이 아니어도 좋다. 행복한 일이면 된다.

큰 일이 아니어도 좋다. 작지만 의미가 있는 일이면 된다.
세상에서 1등 하는 부모가 아니어도 좋다. 내 자녀에게 1등이면 된다.
잘나고 똑똑하고 돈이 많지 않아도 좋다. 가장 사랑하면 된다.

부모가 내 자신의 나이로 살아가는 것.
자신의 내면의 소리를 잃어버리지 않는 것.
삶이 주는 의욕을 놓치지 않는 것.
행복한 일을 찾아내는 것.

자녀에게 살아가며 본이 되는 길이다.

후문

서문으로 첫인사를 했다면 후문으로 끝인사를 하고 싶어서 총평처럼 후문을 쓴다.

세상에 태어나 엄마를 부를 수 없고 엄마 젖내를 맡지 못한 사람이 가장 가련하다고 생각한다. 인생의 출발과 함께 받는 최고의 선물이 엄마이고 아빠이기 때문이다. 부모와 자녀라는 관계는 어떤 관계하고도 비교할 수 없는 소중하고 놀라운 관계이다. 서로를 존재하게 하고 사랑을 배우게 하는 관계이다. 어떤 어려움과 상처가 있어도 서로를 사랑하고 싶다는 전제에서 출발된 최고의 관계이다.

부모는 자녀 때문에 자라고 자녀는 부모 때문에 자라가는 관계이다. 그래서 모든 부모는 훌륭하다고 생각한다. 인생에 이만큼 사랑하겠다고 미리 결정된 각오는 드물 것이다. 부모도 자녀를 선택한 것이 아니고 자녀도 부모를 선택한 것이 아니다. 서로에게 선물처럼 주어진 것이다. 선물 받는 즐거움을 꿈꾼다.

후문

나라는 한 사람을 솔직하게 사랑하고 너라는 한 사람을 솔직하게 사랑해가길 배워가는 삶은 때로 힘들어도 재미있을 것이다. 놀이터의 어린아이들처럼 우리의 삶이 재미있을 것이다. 어린 시절의 재미를 주름져가고 허리가 굽고 인생을 놓고 떠나야 하는 나이에도 가능하다고 꿈꾸어 본다.

자녀를 낳아 키우는 모든 부모님들께 존경을 전한다. 내가 어떤 부모이든 이 자녀에게 나는 최고인 것이다. 최고로 사랑하기 때문이다. 발생된 문제는 수정해 가면 되는 것이다. 부모는 자녀를 가장 사랑하는 사람이다. 그러니 모든 부모가 당당해졌으면 좋겠다.

"너는 나로 인해 존재해. 내가 너를 제일 사랑한다. 고마워해라." 라고 말이다. 그리고 부모 또한 자녀들로 인해 존재한다. 우리 집 꼬맹이들에게 내가 자주 하는 말이다. "어떻게 엄마 딸로(아들로) 태어났어. 태어나 줘서 고마워."

나는 계속 이 말을 하련다.

"내 아가로 태어나 줘서 고맙다."

부록

우리 집 아이들의 공통된 특징

각 영혼의 개별성은 너무나 당연한 것이고 우리 집 아이들은 재각 각 개성이 다르다. 그러면서도 우리 집만의 양육 때문인지 공통점은 있다. 그 공통점 몇 가지를 추려본다.

1. 돌까지는 엄마 밖에 모른다.

모유 수유 때문이기도 하지만 나는 안정기 3년 중에 최초의 1년을 중요하게 여긴다. 먹고 자고 배변하는 신체적 욕구만이 아니라 안기고 싶은 관계 욕구의 충족도 중요하다. 첫째 한샘이를 키울 때 사람들의 의견이 분분해 잠시 고민도 했지만 아이를 관찰해보니 엄마를 가장 편안해 하고 그 외의 모든 사람에게 조금씩의 불안함을 가지고 있는 것을 알았다. 모유수유에 손 타게 키우니 엄마 바라기가 되어 내 몸이 힘들긴 힘들었다. 등에 업고 설거지를 하며 거의 안고 살았다.

너무 엄마만 찾아 '껌 딱지' 별명을 받았다. 대신 아기 울음소리 한 번 듣지 못했다고들 한다. 이 시기를 잘 거치고 나니 기지이론처럼 사

부록

람이나 사물에 두려움이 없다. 동물을 키우지 않았을 적에도 동물을 무서워하지 않았다. 한샘이 돌에 본인 몸의 2, 3배는 족히 되는 커다란 개를 향해서도 웃으며 걸어갔다. 다섯 아이들 모두 그러했다.

2. 동생에 대한 시기심이 거의 없다.

엄마 껌 딱지에 터울이 있다고 해도 동생을 시기하는 마음이 거의 없었다. 엄마 애착이 강한 아이들의 모습에 주변에서 우려가 컸고 나도 어쩌나 싶었다. 동생 출산이후 윗 아이들에게 계속 사랑한다고 같이 있고 싶다며 애정을 표현했다. 동생이 자라갈 때 점차 싸우기는 해도 동생 출생으로 나타나는 시기심이나 퇴행현상은 없었다. 넷째 한비에게 조금 나타난 적이 있었는데, 한결이가 말문이 트여 예쁨을 받던 초기 때 조금 하고 지금은 없는 편이다.

3. 두려움이 적고 강하다.

한샘이와 한솔이는 초등학교 취학 전에 몇 번의 가르침으로 20~30분 걸리는 거리의 친가를 버스를 타고 혼자 다녔다. 5세 전 후반에는 혼자 슈퍼를 가고 싶어 해 가르쳐 보내고 칭찬했다.

한이 같은 경우에는 4살 정도에 일찍 의지를 밝혀 더 빨리 보냈다. 작은 건널목을 하나 지나고 놀이터를 가로질러 큰 건널목 하나를 건너면 슈퍼였다. 혼자 잘 다녀왔고 큰 칭찬을 들었다. 5살에 캐리비안베이에서 잃어버렸을 때는 아동보호센터에 가보니 초코파이를 먹으며 잘 있었다. 초등학교 1학년 때 혼자 집에 돌아오다 가벼운 접촉사고로 차와 부딪친 적이 있었는데, 운전자는 너무 놀라고 한이는 태연했다고 한다. 한이가 너무나 멀쩡했다. 몸만이 아니라 마음도 불안감이나 두려움이 전혀 없어 병원에 가지 않았다.

최근 한비는 아빠와 엄마의 휴대폰 번호를 외웠다. 본인이 원해서 알려줬는데 며칠 내로 다 익히더니 큰 마트에서 일부러 길을 잃고 즐기듯 전화를 걸어 재회했다. 근처 모르는 아주머님께 사정을 설명하고 전화 걸기를 부탁했던 것인데 역시나 도움을 주신 아주머님이 놀라시고 한비와 우리는 그저 다시 만났다.

다섯 아이 다 예방접종을 수월하게 했다. 바늘 때문에 따끔한데 엄마는 웃으며 바라보고 이게 뭔가 잠깐 고민하는 중에 모든 일이 끝나 있다. 예방 접종 때 울지 않는 아이들이었다. 가장 근래 맞은 주사가 한비, 한결이인데 한비가 의젓하게 울지 않고 맞았다며 의사 선생님의 칭찬을 담뿍 받는 것을 본 한결이도 울지 않고 잘 맞았다. 두 아이 다 자신의 주사 맞는 실력에 대한 자부심이 있다. 기억이 가물거리지만 위의 3명의 아이들도 울지 않고 맞았던 것으로 기억한다.

4. 언어 능력이 좋고 아직 공부하지는 않는다.

5명 모두 언어 습득이 빠르다. 첫째 한샘이는 말수가 적은 성격에 첫째라 보통 수준이었다면 나머지 아이들은 본인의 연령 대비 많이 빠른 편이다. 아이 월령, 연령에서 생각하기 어려운 단어를 사용하고 상황 추론이 뛰어나 주변 어른들이 다 놀라워한다.

아직 아이들 전체가 학습을 목표로 열심을 내는 상황은 아니지만 자신의 숙제나 평가를 평균이상 해결해 가고 있다. 몇몇 기회에 우리 애들의 학습에 잠깐 관여한 어른들의 평가는 다른 아이들이 3번 이상 들어야 이해 할 항목을 바로 이해한다고 한다. 단답식 문제보다 긴 논술 문제에 강한 편이다. 과제물 중 PPT 과제물도 주제에 맞게 개요를 적절히 잘 배치해 잘 만든다고 들었다.

5. 공공기관의 교육에 순한 경청자로 잘 적응한다.

어린이집에서 학교생활까지의 공통으로 교사의 지시에 잘 따르고, 똑똑하면서 얌전한 아이들이라는 말을 듣는다. 초등학교 시절, 반 아이들이 선생님 말씀을 듣지않고 떠든다며 나에게 의문을 제기하기도 했다. 우리 아이들은 교사가 하루마다 뽑는 3명의 경청 어린이에 자주 든다. 학교에서 친구들이 선택하거나 교사가 선택하는 선행 상을 자주 받는다.

다만 적극적인 리더쉽으로 앞에 나서길 좋아하는 아이는 한 명도 없다. 우리 남편은 순한 성격에 착한 사람이고 나는 순하지는 않지만 앞에 나서는 것을 꺼려한다. 그래서 그러나 아이들 전부가 밝고 행복해 하긴 하는데 적극적으로 주도하는 것은 피하는 것 같다.

학교생활까지의 모습은 이렇고 앞으로의 나머지 자리에서는 어떤 반응인지 아직 잘 모르겠다. 최대 고등학교 1학년까지 밖에 안 키워봤고 내 아이들의 미래는 길기에 그냥 기다려 보려고 한다.

6. 사춘기가 없다.

첫째 한샘이가 고등학교 1학년, 둘째 한솔이가 중학교 1학년, 셋째 한이가 초등학교 4학년이니 위의 2명은 사춘기에 접어들었거나 지나가고 있는 시기이고, 한이는 곧 시작할 시기인데 셋 다 사춘기는 없다.

짜증, 분노, 우울, 눈물 등 사춘기에 나타난다는 감정의 급격한 기복 없이 부모 싫어하거나 집을 피하는 기색도 없이 행복하다. 전체적으로 사춘기의 나쁜 특징들 말고 대화가 더 잘 통해서 같이 놀기에 친구 같아지는 좋은 점이 많다. 행복하게 자라가면서 점점 더 엄마와 아빠의 친구가 되는 기분이다.

한샘이와 한솔이는 속내를 시시콜콜 말하는 성격이 아니다. 물어보면 어린 시절보다 일상이 점점 더 심심해지고 영상물을 감상하거나 홀로 있는 시간이 조용해서 좋다고 말한다. 하지만 같이 어울려 놀 때의 시끌벅적 한 시간도 싫어하지 않는다. 불안정하거나 두렵고 때로는 격변하는 감정을 쏟아 놓는 사춘기를 겪고 있지는 않다.

한샘이는 동생들에게 주로 조용한 형, 오빠이다가 가끔 폭풍 잔소리를 하기도 한다. 첫째 아이가 갖는 스트레스 중에 하나 인 것 같고 사춘기 같지는 않다. 한솔이는 초등 고학년 때보다 웃음소리가 더 커지고 잦아졌다. 한이는 지금도 엄마에게 안겨 10분 이상 뽀뽀하고 치대는 딸 같은 아들, 애교 만점 아들이다. 앞으로 사춘기 정말 안할 것 같은 아이 1순위이다. 자기는 앞으로도 엄마를 세상에서 제일 사랑한다고 호언장담이다. 네 색시, 네 애들이 자리 다 차지하고 엄마는 저기 뒤 번호로 가야 되는 거라며 괜찮다고 말해줬다. 한참 생각하다가 그래도 아무튼 높은 순번을 준다고 약속한다.

7. 너무 집에 있다.

친구들과 관계가 좋고, 학교생활을 잘 하는데 아주 심하게 집을 좋아한다. 집에 오면 편하고 좋다며 밖에 나가질 않는다. 친구 집에도 잘 가질 않는다. 친구 집에 놀러 가거나 친구를 우리 집으로 데려와도 된다고 하지만 다른 아이들이 주로 학원으로 바로 가서 데리고 오기 어렵다고 한다.

간혹 친구 집에 갔다가도 그 집 분위기가 불편하면 안 간다. 친구랑 친구엄마의 분위기가 불편하고 공부나 숙제에 관련하여 다투는 모습에 어색해하다가 안 가게 된단다. 친구 집 몇 번 다녀오더니 우리 집이 정말 더욱 편하고 좋다며 놀러 가지 않는 모습이다. 한샘, 한솔이는 주말에 간혹 놀러가고 한이, 한비, 한결이는 동네 친구 집에 간다.

8. 아픈 곳 없이 건강하고 운동을 잘한다.

우리 집 아이들은 한샘이가 생후 2주 만에 1주일 정도 병원에 입원한 일 말고 병원 입원경력이 없다.

감기에 걸려도 물 많이 마시고 푹 쉬면서 해열하고 낫는다. 몇 번 이겨내면 항체가 생겨서인지 감기에 덜 걸리고 걸린 상태에서도 하루

이틀 아니면 사흘 이내로 낫는다. 유일하게 모유수유가 아닌 한비가 감기에 자주 걸렸다. 누군가 주변에 걸리면 바로 걸리기를 여러 차례 했는데 위의 방법으로 버티며 이겨내니 3살 이후로는 거의 감기에 걸린 적이 없고 걸려도 하룻밤 열나고 나아진다.

한샘이와 한솔이가 운동하다 인대가 늘어났다거나 실금이 간듯하다고 간이 기브스를 한 적은 있다. 한이가 자전거 타다 도로로 넘어져 귀를 세 바늘 꿰맨 적이 있다. 나도 애 낳으러 병원 간 4번 말고는 병원 간 적이 없다.

여럿이 밥을 먹어 경쟁이 붙어 열심히 먹어서 마르기보다 살짝 통통한 체형들이다. 한샘이는 통통한 몸을 다이어트 해 보통으로 빼고 있고, 한솔이는 보통체형이다. 한이는 말랐던 몸이 살이 쪄서 지금 살짝 통통하고 한비도 마른 몸이 5살부터 너무 잘 먹더니 통통해졌다. 한결이는 보통이다. 우리 남편은 마른 몸이고, 나는 보통 몸이다. 모유 수유하는 기간 1년 동안은 늘 뚱뚱했다.

학원을 다닌 적은 없지만 수영만은 필수로 해야 할 우리 집 원칙이라 다들 수영을 좋아한다. 한샘이는 물개처럼 수영을 잘 하고 한솔이와 한이도 물을 좋아한다. 한비는 돌전에 처음 본 겨울 강원도 바다에 신기할 정도로 매료되어 눈을 떼지 못 하고 좋아 했다. 겨울 칼바람 속에서 이불을 덮고 1시간동안 바다를 바라본 적이 있다. 다음 해 여름 3월생인 17개월짜리 한비가 강원도로 해수욕을 갔는데 물로 뛰어들었다. 파도 쳐서 물 먹고 눈에 소금물이 들어가도 돌진하듯이 들어갔다. 물을 너무 좋아해 지금도 나와의 데이트는 자유 수영하러 가는 것이다. 한결이도 아픈 곳 없고 운동 신경이 좋다.

부록

아이들 입으로 들은 소문에 의하면 학교 체육시간에 운동을 못하는 편이 아니라고 한다. 한샘이는 팔씨름 1등을 하고, 한솔이는 축구를 할 때 공을 잘 넣고, 피구할 때 잘 피해 다닌다고 한다. 한이는 요즘 야구에 흥미가 있고, 피구할 때는 끝까지 살아남는 유일한 생존자라 친구들이 자기편에 데려가려고 한단다. 한비는 어린이집 운동시간을 너무 좋아하고 한결이는 꼬리잡기에 너무 잽싸게 행동해서 다들 놀랐다는 생활 기록을 봤다.

9. 좋은 의미든 나쁜 의미든 자아가 발달되어 있다.

각 성장 시기 마다의 욕구를 잘 들어주는 편이다. 자녀들이 생애 중에 경험하는 동생의 출생은 너무 힘든 일이라고 생각한다. 두세 살 정도의 터울인데도 불구하고 동생과의 관계에서는 위라는 이유로 의젓하기를 강요받는다. 각 가정마다 첫째 아이에게 큰 양보, 잦은 양보를 요구한다. 엄마의 무릎을 양보하고 장난감을 양보한다. 큰 아이는 양보를 잘하고 동생을 잘 돌보아야 사랑을 받는다. 동생에게 자애롭지 않은 큰 아이는 계속 야단을 맞게 된다. 동생 때문에 듣는 엄마로부터의 야단은 큰 애들에게 있어서 감정적 고통이 크다. 내가 착하게 행동해야 사랑 받는다는 것은 고통이다. 서운함과 미움을 숨겨야 한다는 것도 강요된 인격이 된다.

그래서 우리 집은 동생들이 늘어가도 손 위 아이에게 특별히 양보를 가르치지 않았다. 원하는 것이 무엇인지 묻고 선택하게 했다. 가정마다 빈번히 나타나는 착한 큰애와 영악한 작은애로 키워지는 문제를 개선하고 싶었다. 큰애의 영역에 새로 유입된 동생이 손위 형제에게 부탁하고 요청하는 법을 배우는 것이 중요하다고 생각했다. 동생이 원할 때 바로 준다는 것은 힘든 일이다. 건강하지 않은 형태가 반복되다 보면 큰 아이는 피해의식으로 동생은 욕심으로 결국 서로 경쟁심, 시기심이 커진다.

우리 집은 큰 아이가 동생의 요구를 듣고 가능하면 들어 주고, 불가능하면 안 된다고 말하게 했다. 동생들은 무작정 떼가 통하지 않으니 포기를 배워서 좋고 큰 아이도 늘 빼앗기지 않아도 되니 피해의식이 적다. 서로 간에 미움이 없고, 피해의식도 없다.

서로 간에 특별한 분쟁이 없던 우리 아이들이 요즘 시끄럽다. 엄청 잘 싸운다. 엄마의 과한 열정이 자녀들 간의 공동체 형성을 방해했던 과거와 달리 요즘 엄마가 철들어 자녀 공동체에서 빠졌기 때문이다. 거기에 애들 자신의 다양한 연령이 겹치고 개성이 다르니 당연한 결과이다.

원하는 것을 충분히 들어 주어서인지 성장기가 한창인 우리 집은 다들 자아가 발달되어 긍정과 부정 양쪽 측면으로 시끄럽다. 서로 말들을 너무 잘한다. 밖의 생활에서는 고집 없는 순한 아이로 잘 지내는 것 같은데 집에서는 다르다. 서로 자기의 입장을 토로하며 타당하게 설득하기도 하고 때론 억지를 부리기도 한다. 이런 때 주로 나를 판사로 정하고 찾아온다. 주로 "그 말도 맞네."를 양쪽에 해 주게 된다. 내 보기에는 둘 다 그럴 수 있는 상황인데 자신들은 자기만 맞다고 우긴다. 웃긴데 내가 그렇게 키운 것이라 지켜보고 있다.

부록

주변 사람들은 안정되고 말이 통하는 1~3살쯤의 우리 아이들의 모습에 놀란다. 이어 한 번 더 놀라는데 다른 집 애들이 해달라는 것 줄어갈 때 우리 집 애들은 섬세하고 특별한 요구들을 3배 이상 한다. 다 엄마인 나에게 하는 것인데 주변 엄마들이 그걸 다 들어 주냐며 놀라곤 했다. 생각나는 예가 하나 있다. 15명 이상의 사람이 큰 아파트에 초대 받았다. 한이가 풍선을 무지 좋아할 때인데, 마침 그 집에 헬륨풍선이 하나 있었다. 들고 놀다가 줄을 손에서 놓으면 풍선이 천장으로 날아올라 가는 모습을 신기해하며 좋아했다. 키가 닿지 않아 엄마에게 내려 달라고 하면 내려주기를 반복했다. 어른과 아이들이 여럿이라 진지한 대화 없이 왁자지껄 시끄럽고 즐거운 시간이었다. 나는 이야기하다가 한이가 부탁하면 내려주기를 반복하며 좋은 시간을 보내고 있었다. 1시간 정도 지났을 때 엄마들이 자신 같으면 풍선을 확 터뜨려 버리겠다며 보고 있는데도 화가 난다고 해서 놀란 적이 있다. 해 달라는 것이 너무 많아 키우기 힘든 애라며 위로를 받았는데 나는 다른 마음이었다. 5명의 아이가 다 이랬다. 대략 4살, 5살 사이의 일이다. 그리고 그 시간이 지난 6세 이후에는 급작스레 판이 바뀐다. 엄마에게 해 달라는 것 없이 자신이 스스로 다 하고 산다.

추론하고 예측하는 능력이 뛰어난데다가 아마도 아이의 말을 다 듣고 반응하고 상황을 여러 가지 경우의 수로 설명해 주기 때문이 아닌가 싶다. 한 분이 우리 집에 있어보면 한 가지 일로 야단을 맞을 때도 논리 정연함이 흘러 거의 논술 수준이라며 아이들이 논술에 강한 이유가 있다고 칭찬한바 있다. 나도 유별나고 우리 집 애들도 유별난 성격이다. 그래서 그러나 차분하긴 한데 순한 성격들은 아니다. 우리 집에 제일 순한 자녀가 첫째 한샘이인데 첫째라 조금 순한 것 같고 개인 성격은 만만치 않은 성격이다.

욕구충족이 만든 섬세하고 강한 자아가 연령대비 상대적으로 논리가 타당하지 않거나 부당한 경우를 잘 파악한다. 때로 어른들이 이상한 화를 낼 때, 대부분의 어린이들은 겁을 먹거나 야단을 그대로 맞는다. 그 중에 겁도 먹지 않은 우리 집 아이들은 이해되지 않는다는 표정으로 이유를 다시 묻는다. 자기가 이해하고 경험하기에 야단맞을 기준에 맞지 않는 것이다. 이럴 때 내가 좀 난감하다. 아이에게는 정당하지 않아 조금 미안하지만 야단 친 어른이 민망할까봐 어른 입장에 맞춰 아이에게 반응하고 지나간다.

단 둘이 있을 때 다시 물으면, 장구하고 구구 절절한 이야기를 나눈다. 주로, 아이의 마음과 그 어른의 마음을 나누고 서로의 이해를 권한다. 어른도 그럴 수 있고 너도 그럴 수 있는데 잘잘못을 떠나 어떤 눈으로 바라봐야 할지를 나눈다. 아동기를 지난 이후의 아이들은 더 큰 어른이 되어가는 과정이라 굳이 되묻지 않는다. 가정 내에서 나도 대화 중 내가 논리 타당하지 않게 야단 친 것이 있으면 사과해야 한다. 오해도 바로 잡아야 한다. 아이가 어려도 다 안다. 인격이기 때문이다.

우리 집 아이들의 개인적인 인격이 발달된 상태라고 본다. 물론 자신을 소중히 여기고 자신이 원하는 것에 대한 발달이 우선시 되고 있다. 그래서 많이 싸우나 보다. 하지만 시간이 가면서 관계 속에서 원

부록

만한 아이로 자라가고 있다. 엄마로서 바람은 나와 함께 사는 이 어린 친구들이 큰 그림을 그릴 수 있는 넓은 사람이 되는 것이다. 하지만, 이 오감의 발달로 자신만 더 위해도 내가 더 할 것은 없다. 그 아이의 일이다. "좋은 의미든 나쁜 의미든 자아가 발달되어 있다." 라는 말은 '이 발달이 자신만을 위한 강력한 보호가 될 것인가?', '큰 그림을 그릴 너른 사람이 될 것인가?'를 내가 알 수 없다는 것이다. 선택의 기로마다 그 아이가 스스로 결정해 갈 것이다.

난 이런 만만치 않은 우리 집 아이들이 개인적으로 좋다. 내 스타일이다.

출판 현 시점인 2019년 봄,
우리 아이들의 모습

2017년 여름에 시작된 글쓰기는 2019년의 봄에 이르러 마감을 앞두고 있다. 현재 우리 집 아이들은 다시금 다양한 모습으로 변해가고 있다. 쓰고, 다듬고, 덧붙이느라 소요된 2년의 시간 동안도 쑥쑥 잘 자라주고 있다. 출판을 앞 둔 지금, 다섯 아이들의 모습을 간략히 서술하려 한다.

우리 큰 아들은 고등학교 3년이 되었다. 최근 들어 고시원 생활을 시작했다. 고2 때, 삼촌 오피스텔에 잠시 살다가 이제는 홀로 고시원 생활을 시작했다. 1주일에 한 번 만난다. 음식점이 많고 서점이 있는 도외지에 산다. 한샘이는 종종 자신을 위해 맛있는 음식을 사 먹고 읽고 싶은 책을 2,3권 사가지고 들어온단다. 나는 고3이라고 스트레스 받지 말고 즐겁게 할 수 있는 만큼 공부하라고 한다. 인생은 길고 한샘이는 장거리에게 유리하게 잘 자랐으니 걱정말라고 말한다. 해맑은 얼굴로 웃으며 답하는 사랑스런 고3 아들이다.

다섯 아이들 중 2년 동안 가장 큰 변화 랭킹 1위는 단연 한솔이이다. 한솔이는 중학교 3학년이 되었다. 한솔이는 북한도 막아내는 중2병의 위력을 다한 겨울 방학 이후 급작스런 변화를 보여주고 있다. 지금이 4월이니 한 3달이 채 안 된 이야기이다. 1월 방학 중부터 이유를 알 수 없게 너무 따뜻해졌다. 동생들 호떡, 볶음밥도 만들어 먹이고 가루쿡을 사서 함께 만들기도 했다. 평생 안 사주던 동생 생일 선물도 사주고 아빠와 나의 부탁도 냉큼 들어준다. 들려오던 한샘이나 한이와의 티격 태격도 들을 수 없다. 오빠와 함께 음악이야기를 하거나 한이와 유투브 재미난 영상 이야기를 주고받는다. 여동생 한비, 한결이를 안아줘서 "한솔이 언니, 너무 좋아." 가 요즘 동생들의 환호다. 이유를 잘 모르겠다. 변화가 심해 온 가족이 다 인정하는 사실이 되었다. 다들 놀라고 있다. 정말 신기하게도 중2가 지나가는 겨울방학 때부터 시작된 일이다. 방학 중이라 너무 심심해서 저러나 생각도 해봤지만 원인을 잘 모르겠다. 한샘이 닮은 순박한 미소가 갈수록 늘어간다.

한이는 어른들의 세계로 진입해 가는 초등학교 6학년이 되었다. 이해심도 깊어지고 따뜻해졌다. 나와 자주 깊은 대화를 나누는 친구이다. 마음이 상할 때, 놀랐을 때 나와 대화한다. 내적치유 수준의 대화도 내 개인적인 신앙이야기도 자주 주고받는 내 말동무다. 한이와의 대화는 한이가 가진 이해력과 포용력에 힘입어 나눌수록 깊어진다. 나 또한 한이와의 깊은 대화가 값지다. 우리 집에서 "엄마, 사랑해요."를 수시로 고백하는 아들이다. 좀 특이한 관계, 특이한 아들이다.

한비는 초등학교 1학년이 되었다. 더 야물고 더 예뻐졌다. 입맛이 돌아 모든 것이 맛있다더니 키가 쑥쑥 자라고 있다. 자신의 생일을 한 달여 전부터 철저히 준비한다. 주변인 모든 사람들에게 생일임을 알리고 선물을 당당하게 요구한다. 거의 다 한비를 너무 예뻐하며 상납한다. 내 입장에서는 설마 커서도 이러려나 싶기도 해 조금은 걱정이다. 변죽이 너무 좋다. 동네 친구 정훈이는 한비의 단짝이 되었고 그 댁의 착한 가족들은 한비를 딸인 양 키우고 있다. 아침 등교는 내가 담당하고 하교는 정훈이 어머니 담당인데, 밤 7~8시 사이에 집에 돌아온다. 밥 다 얻어먹고 그 댁 가족 목욕탕 가는 날도 따라간다. 산타 없다는 우리 집에서 자란 아이가 크리스마스 때마다 그 댁에서 선물 받아 챙긴다. 낡고 찌그러진 우리 차는 조용히 타는데, 정훈이네 벤츠만 나타나면 어린이집 선생님도 불러 구경시키더니, 멀리 계신 학교 선생님도 목이 터져라 불러 댔다는 소문을 접했다. 너무 귀여운 한비의 약은 수들이다. 최근 정훈이가 이사를 가게 되어 서운해 하고 있다. 한비는 꿈에도 그리던 8살이 되어 수영을 시작했다. 너무 좋아한다.

한결이는 한비 언니 껌 딱지에서 엄마 껌 딱지로 변화되어가고 있다. 4살 같은 키로 6살을 살아가니 너무 귀여워 인기몰이가 쉽다. 요즘 "엄마, 왜 나는 먹어도 먹어도 얼굴이 그대로이고 키도 안 커요?" 라고 물었다. "예쁜 사람은 얼굴이 그대로야. 키도 많이 컸어." 라고 말하며 격려해 주었다. 한비 초등 입성과 함께 데이트를 시작했다. 목욕탕에 가서 단 둘이 놀아 주었더니 너무 감격해 하고 너무 좋아한다.

부록

비밀을 누설치 말라했으나 종종 세는 바가지이다. 한비의 날선 매서운 추리력이 "뭐?" 하고 번뜩이는 순간 나의 위기대처능력이 절실히 필요하다.

2년의 시간 동안 아이들은 더욱 예쁘게 자라주고 있다. 각 아이마다 나에게 준 2년이 모여 나는 10년의 세월을 누렸다. 10년이 모인 2년이 더욱 행복했다. 나와 남편은 아이들이 너무나 좋다. 그 전 보다 더욱 키우기 쉬워지고 있고 더욱 행복해지고 있다. 아이들이 저절로 자란다. 자신의 맛을 가진 멋진 사람으로 성장해 갈 것을 알고 믿는다.

몇 장의 사진

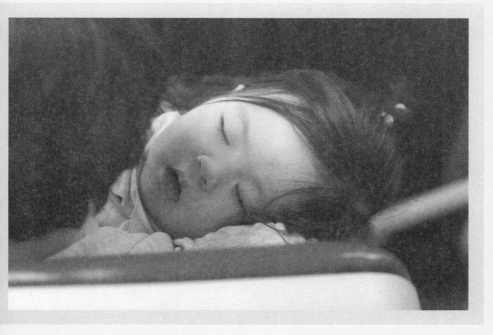

Let Them Be
자녀들을 내버려둬라

발행일   2019년 5월 초판 1쇄

지은이   김혜정

발행인   정해석

디자인   공간42_이용석

사 진   디도스튜디오

발행처   도서출판 디도

주 소   경기도 처인구 양지면 대대리 662번길 34-5

전 화   010 2679 0135

메 일   didobook@naver.com

I S B N   979-11-966841-0-5 03330